悲觀和樂觀，

本來都起於個人的感覺，

而且常是偏重主觀的感覺；

可是它對於發生這感覺的人，

卻具有支配的力量。

新人生觀

羅家倫　著

近代史上最暢銷的勵志經典！
影響成千上萬的年輕的一代！

自序

浩蕩成江的鮮血，滂沱如雨的炸片，時代掀起的亙古未有之洪濤，能不使我們，站在存亡絕續關口的我們，對於整個的人生問題，有一度新的審察和領悟？

我們要生存，我們更要有意義的生存，所以我們哪能不追求生存的意義，和達到這有意義的生存的方式？

在這空間與時間交錯而成的創造的宇宙裏，我們的生命是動的、眞實的、更是創造的。我們的思想不能開倒車。我們不能背著時代後退，我們也不能隨著時代前滾，我們要把握住時代的巨輪，有意識的推動它邁向我們崇高的理想。

我們要揮著慧劍，割去陳腐。我們要廓清因循、頹廢、倚賴、卑怯，和一切時代錯誤的思想——生命的毒菌。不但是打掃地方爲了培養新的肌肉，而且是期待長

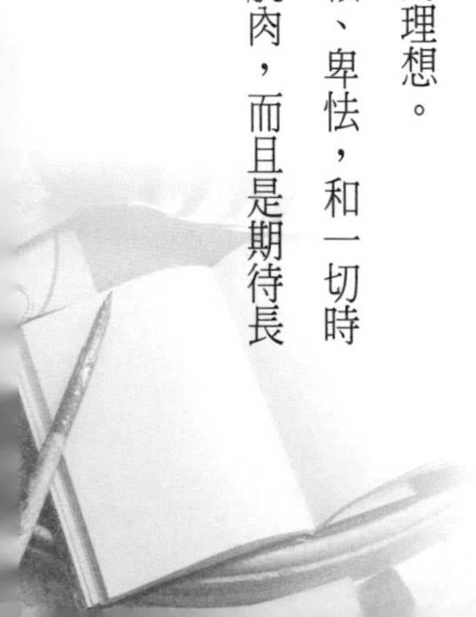

成新的骨幹。

這狂瀾的時代需要我們有力的思想，有力的生命。

自從神聖抗戰發動以來，我就一直想做點積極的思想工作。我寫這部《新人生觀》時，不想照傳統寫法，分門別類論列人生哲學的各部分。我只想把中國既有的民族思想和生命中，我認爲缺少或貧乏的部分，特別提出來探討、發揮。但是拙作完成以後，卻也自成一個系統。

講人生哲學，要想理論的基礎穩固的話，不能不有玄學——形而上學——上的根據。這一點我哪裡敢忽視。

這部書裏的十六章，本是我於中央大學西遷以後，對全校師生發表的一系列演講。也曾在刊物上登載過幾篇。現在重新寫過，成爲專書。我斷不敢希冀前哲在圍城中講學的高風，但是這十六章卻章章都是在敵機威脅的期間，甚至在四周火光熊熊之中完成。

我斷不敢說這部書是表現一種有力的思想，我只說這是我個人用過氣力去思想的一點結果。我是根據自己知道的深信，以充分的熱忱寫出來的，自然我也希望國人能得到同樣的深信。

這一件不是泛泛的禮物，敬以獻給有肩膊、有脊骨、有心胸、有眼光而有熱忱的中華兒女，尤其是青年。

中華民國三十一年元旦，陪都重慶

台版自序

《新人生觀》這本書於民國三十一年對日抗戰最艱苦的時間在重慶出版。每次重印出書，常在兩三星期後讀者即無法買到。到勝利後一年止，計在重慶、贛川、上海由商務印書館承印的，和在青島、天津翻版的，共達二十七版。當王雲五先生尙主持商務時，曾經說過，這本書的銷路，打破了商務四十多年來，除教科書和字典之外，其他書籍的記錄。我對讀者給我這種熱忱的鼓勵，只有深深的感激。

尤其使我感動的是寧夏省賀蘭山以北的一位小學員，和在貴州西部一位服務於車隊的人員，因爲無法得到這本書，因此各自手抄一部。我看到抄本之後，不禁愧汗淋漓。

到台灣以後，還有好些朋友向我問起這本書；更有些素不相識的青年朋友們慰信來問的。現在大陸上的商務印書館「靠攏」了，自然不會再印我的書；以前版稅的契約，在上海沒有淪陷前的一年對方即未曾履行，我自然對他更無任何義務。現在我自己籌印自己的書或是處分這些書的承印權，是名正言順無可懷疑的事。

我趁這次重印的時候，將本書第一章大體重寫了一遍。其餘還有幾處錯誤初不經心的地方，經朋友們指出後，予以修改。謹在此向他們致謝！

目錄

1・建立新人生觀

建立新人生觀，就是建立新的人生哲學。它是對於人生意義的觀察，生命價值的探討，要深入的透視人生的內涵，遙遠的籠罩人生的全景。

我們生命的意義是什麼？生在世上有什麼價值？我們如何能得到富有意義和價值的生命？我們的前途又是怎樣？這些不斷的和類似的問題，我們今天不想到，明天不定會想到；一個月不想到一次，一年不定會想到一次；在紅塵滾滾，頭昏腦脹的時候縱然不想到，但正值曉風殘月，清明在躬的時候，不定也會想到。想到而不能做合理的解答，便是面臨人生極大的危機。若果有永遠不想到的人，那其不愧爲醉生夢死，虛度一生的糊塗蟲了。想到而又能運用智慧，以求解答，那他已踏進了人生哲學的範圍。

我們本來先有人生，後有人生哲學，正如先有飲食而後有營養學。但是既有了人生哲學來幫我們探討，和解答這些與生命不可分離的問題，我們爲什麼不研究？何況這種探討和解答，曾經透過了多少先哲的腦汁與心靈，是他們智慧的結晶，我們更爲什麼不研究？

「牧童呵！你有沒有哲學？」這是西洋自古流傳的一句問話。是的，牧童何曾不可有哲學，更可能有他的人生哲學，若是我們採取威廉・詹姆斯（William James）寬大的胸襟，認爲——哲學乃是一種人生的態度。可是態度有正的、有偏的、有健全的、有不健全的，有經得起理智和經驗考驗的，有經不起理智和經驗考驗的。不但人生的苦樂，在此分路，即人生的有價值和無價值，也在此分路。

所以人生哲學的研究愈加不可忽略。鄉間的老農老圃常常要尋求，而且常常能把握住一兩句先民的遺訓，父老的名言，以爲一生做人處世的準則，安身立命的基礎，這正是他生命合理的要求。何況知識與理智發展到相當高度而又急切要追究人生意義的人們，尤其是青年？

在現時代，人生哲學更有它重要的意義和使命。因爲在這時代，舊道德標準都已動搖，而新的道德標準尚未確立，一般青年都覺得徬徨，都覺得迷惑，往往進退失據，而陷於煩悶和苦惱的深淵。在中國有此情形，在西洋也是一樣。西方國家從前靠宗教以給人們內心的安寧，以維社會善良的秩序，到現在則舊的宗教信仰已經動搖，而新的信仰中心還未樹立，在這青黃不接的時代，更現出許多迷路的羔羊。

讀李勃曼（Waiter Lippmann）《道德序言》（Preface to Morals）一書，便知中外都有同感。因此在這個時代，更有重新估定生命的價值表，以建立新的人生哲學之必要；否則長久在煩悶苦惱之中，情緒日漸萎縮，意志日漸頹唐，生活自然也日漸低落。結果青年們的心理中第一步是動搖，第二步是追求，第三步便是幻滅，這是何等悲慘的狀態！有知識責任的人，對於這種「爲生民立命」的工作，能夠袖手旁觀嗎？

要建立新的人生哲學，首先要明白它與舊的人生哲學，在態度上至少有三種不同。以這不同的態度，才能重行估定新的生命價值表。

首先要認定的是新的人生哲學不是專講「應該」（ought），而是要講「不行」（cannot）。舊的人生哲學常以爲一切道德的標準，都是先天的範疇，人生只應該塡塞進去。新的人生哲學則不持先天範疇之說，而只認爲這是事實的需要，經驗的結晶，經過思考後的判斷。應該不應該的問題較空，成不成、要得要不得的問題更切。拿文法的定律來做譬喻，本不是先有文法而後有文字，文法只是從文字歸納出來的。文法的定律並不要逼人去遵守它，但是你如果不遵守它，你就不能表白意思，使人了解。你自己用文字來達意表情的目的，竟由你自己因此而打消。所以這是不成的，就是要不得的，也就是所謂「不行」的。

其次，新的人生哲學不專恃權威（authority）或傳統（tradition），乃要以理智來審察現代的要求和生存的條件。權威和傳統並不是都要不得，只是不必盲目的全部接受。我們要以理智和經驗去審察它，看它合於現代生命的願望、目的，以及求生的動機與否。這不是抹煞舊的，而是要重新審定舊的、解釋舊的。舊的是歷史，歷史是潛伏在每人的生命意識之內，不但不能抹煞，而且想丟也是丟不掉的：但是生命之流前進了，每個時間階段都有它的特質。鎔鑄過去，使它成爲活動的過去，爲新生命中的一部分，才能適合並提高現在生存的要求。

還有一層，新的人生哲學不講「明心見性」之學，更不涉性善性惡之論。它是主張整個人生及其性格與風度的養成，從諮議中探討生命的奧祕，並從經驗與習慣中培養理想的生活。它否認先天原始的罪惡，它也不藉直覺來判斷是非，它不知什麼叫「身是菩提樹，心如明鏡台」，自然它更不懂得什麼是「菩提本無樹，明鏡亦非台」的禪理。它不把行爲的標準建立在冥思幻想上面，同時也不把它建立在衝動慾望上面。它要從民族和人類的歷史和文化裡，尋出人與人相處，人與自然相與的關係，以決定個人所應該養成的性格和風度。它是要從個人高尚生命的現實中，去增進整個的社會生活與人類幸福。覺得如此，方不落空。

新的人生哲學，只是根據這三種態度以重定生命的價值表，以建立新的人生觀。它並不否認舊的一切價值，有時不過加以必要的改變與修正。它把舊的價值，重新估計以後，仍然編入新的價值標準表內，以求其更有意義的實現，更豐富和美滿的實現。這才是眞正「價值的轉格」（die Umwertung aller Werte）。

我們不只是求人生更豐富更美滿的實現，我們還要把人生提高。平庸的生活，是不值得活的。我們要運用我們的生力，朝著我們的理想，不但使我們的生命格外的崇高偉大，莊嚴壯麗，而且要以我們的生命來領導，帶起一般的人，使他們的生命也格外的崇高偉大，莊嚴壯麗。

因此，我們要根據新的人生哲學態度，建立「三種新的人生觀」。

第一、動的人生觀 宇宙是動的，是進行不息的；人在宇宙之間，自然也是在動的、進行不息的，希臘哲學家海瑞克萊圖斯（Heracletus）說：「你不能兩次站在同一條河裡。」孔子在川上說：「逝者如斯夫，不舍晝夜。」都是解釋這個道理。何況近代物理學家更告訴我們，不只天空星球在運行，即在原子的內部，每個電子都繞著原子核不斷的在轉呢！

中國傳統的人生哲學裡，把人生的動的方面，束縛太多了。尤其是宋儒偏重「主靜主敬」的學說，把活潑潑的一個人，弄得動彈不得。

顏習齋把眞正孔子主持的禮、樂、射、御、書、數的教育，和宋儒峨冠博帶對談靜敬的教育，形容成爲一幅怵目驚心、絕對相反的圖畫。他慨然道：「……宋，前之居汴也，生三四堯、孔，六七禹、顏；後之南渡也，又生三四堯、孔，六七禹、顏。而乃前有數十聖賢，上不見一扶危濟難之功，下不見一可相可將之材，兩手以二帝畀金，以汴京與豫矣！後有數十聖賢，上不見一扶危濟難之功，下不見一可相可將之材，兩手以少帝付海，以玉璽與元矣！多聖多賢之世，而乃如此乎？噫！」（顏習齋存學編性理評）

這番話眞是力行的精義！在今天的時勢，尤其可以發人深省。其實若干宋儒的學說，已經被滲人某種印度哲學的成分，和孔、墨力行的主旨，早已違背了。

我們要提倡動的人生觀，可是同時得充分注意到動之中有兩種不同的動：一是有意識的動，一是無意識的動。有意識的動是主動、自動。無意識的動是「機械的動」，也是被動、盲動。

自然界許多動的現象，都是屬於後者，如行星繞日，循著軌道，千百年不差分毫，就是一例。若干動物的行動，何獨不然？你不見燈蛾撲火、鴕鳥鑽沙嗎？其實有些人的行動，也不曾倖免。譬如衝動，往往由於來了某種刺激，使神經或血液循環系統起了某種反應和變化，來不及考慮思索，驟然發出某種急劇的行動；這還不是生理上的機械的動嗎？這種的動在本質上不但無意識而且無意義。

幸而人的行動，絕不都是如此；這一隅並不能以喻全局，否則全部的歷史，都是機械的、盲目的、無意義的了。人是有意識的、有靈感的、有智慧的，所以他有思想的自由，有選擇的自由，他可以憑他的判斷來指揮他的動態。人生值得一活，世事值得努力，歷史值得創造，正是為此。（詳細的理論，見下面「悲觀與樂觀」及「扭開命定論與機械論的鎖鍊」兩章。）那把人生和歷史硬看做機器上的輪齒一樣，按照他們假想的公式，認為只是不能不動而動的說法，不但是妄自菲薄，而且是誣蔑人類。

第二、創造的人生觀　我們要動，而我們的動並不是機械的，乃是有意識的，也就是可以憑意識來指揮的，那我們就應當把我們的動力，發揮到創造性的事業方面去。我們不只是憑自力創造，而且要運用自力，以發動和征服自然的能力來創造。我們不僅僅要驅使無限的電力為人類服務，我想不久的將來，更能解放宇宙間無限的原子能，成為被管制的動力，以為人類的幸福，另闢一個新紀元。這就要靠創造的智力（creative intelligence）了。

人類之有今日，是歷代先哲創造的智力所積成的。我們不能發揮創造的智力，不但對不起自己的人生，而且對不起先哲心血積成的遺留。

保守成功嗎？保守就是消耗、衰落、停滯、腐爛與毀滅。舉例來說，前代的文化創造品是有偉大的、特別的。設如你不把它吸收孕育，再來努力創造，而專門保存舊的，那不僅舊的不能成爲新人生的一部分（我們至多不過享受而已）而且新的偉大的文化作品永遠不會出來。何況那偉大的創作，永久是前人的創作，前時代的創作，有限的創作；而不是本人的創作，現時代的創作，無限的創作。我們不但要「繼往」，更加要「開來」！

第三、大我的人生觀　我們不要看得人生太小了、太窄了。太小太窄的人生是發揮不出來的。它一定像沒有雨露的花苞，不但開不出來，而且一定萎落、一定僵死。我們所以有現在，是多少人的汗血心血培養成的。

就物質而言，我們吃的、穿的、走的、住的，哪一件不是農夫、工人、商人、工程師、發明家這一般廣大的人群所貢獻？

就精神的糧食而言，那一項偉大崇高的哲學思想、美麗諧和的音樂美術、心動神移的文學作品、透闢忠誠的歷史記載，凡是涵煦覆育著我們心靈生活的，不是哲人傑士的遺留？我們負放大社會的債務太多了。只有憑著他們方能充實形成小我。

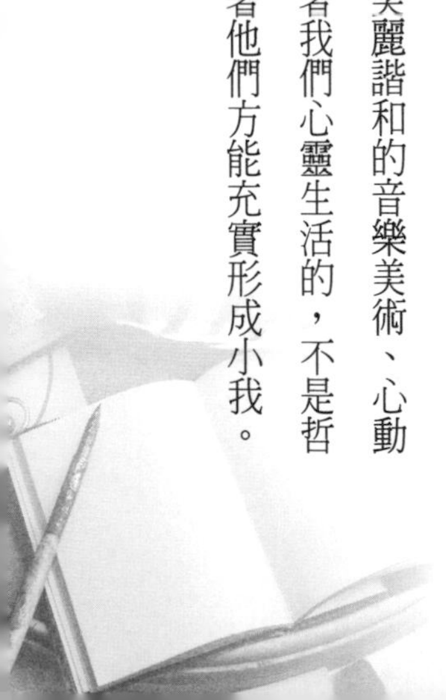

反過來也只有極力發揮小我，擴充小我，才能實現大我。為小我而生存，這生存太無光輝、太無興趣、太無意義，必須小我與大我合而為一，才能領會到生存的意義。必須將小我來提高大我，推進大我，人群才能向上；不然小我也不過是洪流巨浪中的一個小小水泡，還有什麼價值？這就是大我人生觀的意義。

人生觀不是空虛，是要藉生活來實現的。不是身體力行，不能領會到這種人生觀的意味，維持它的崇高。所以，要實現這三個基本的人生觀，必要靠以下三種的生活方式：

第一、生力飽滿的生活　固然要靠生力（vitality），生命的發展尤其要靠生力。生力是生命裡面蘊藏著的無限生機，把生命不斷向上向外推進和擴大的動力。它雖是一粒小小的種子，卻可以長成參天拂雲的大樹；它雖是一架壁爐裡的爐火，卻可以吸收很高很遠的空氣中的氧氣，使其發光發熱，滿室生春。它使人生不停頓、不板滯、不腐蝕，能活潑、能進取、能發揚。有生力的人生是朝氣勃勃的，無生力的人生是氣息奄奄的。在這兩種人生的十字路口，你願意選擇哪種？

生力固常因愈發揮而愈增加；但有定向的人生卻也應當將其培養和儲蓄，不讓它隨意發洩，以備它積成雄厚的力量，寫出更有意義的人生。

第二、意志的生活　在這沈迷淪陷於物質生活的人群中，有幾人能實行意志的生活？能領會這種生活的樂趣？不說超人，恐怕要等那特立獨行的人吧！非是堅苦卓絕的人，怎配過意志的生活？因爲這生活不是肉感的、享受的。生命的擴大，哪能不受障礙，障礙就是意志的試驗。意志薄弱的見了困難就逃了。只有意志堅強的人，才能運用生力征服過去。經過痛苦是常事。只有痛苦以後的甜蜜，才是眞有興趣的甜蜜。

但是平庸的人能了解嗎？意志堅強的人，絕對不怕毀滅，而且自己能夠毀滅，毀滅以後，自己更能有偉大的創造，所以戰爭是意志的試金石。我常論戰爭說：開戰以前計較的是利害的輕重，開戰以後計較的是意志的強弱。這就是勝負的關鍵！不但是有形的軍隊戰爭如此，一切生存的戰爭也是如此。平庸的、退卻的、失敗的鎖鍊，只有堅強的意志才能扭開。

第三、強者的生活　能憑藉意志去運用生力以征服困難的生活，非強者的生活而何？我所謂強，是「強而不暴」的強，是「天行健君子以自強不息」的強。強的對面是弱。搖尾乞憐，自己認為不行，便是弱者的象徵。強者的象徵就是能在危險中過生活。他不但不怕危險，而且樂於接受危險。他知道戰爭是不能躲避的，所以歡樂的高歌而上戰場。他的道德信條是強健、勇猛、無畏、正直、威嚴、心胸擴大、精神奮發。他最鄙視的是軟弱、柔靡、恐懼、倚賴、狹小、欺騙、無恥。他因為樂於危險的生活，所以他不求安全。

古人說「磐石之安」，但是磐石不是有生命的。無生命的生活，過一萬年有什麼意思？況且求安全是不可能的事。安全由於平衡，生命哪有固定的平衡？因為你發展，人家也發展，只有以你自己的發展，來均衡人家的發展，才能過得比較的安全。若能如此，才能操之在我。所以他永遠是主人，不是奴隸。

以上三種生活方式，乃是眞正有意義的人生的基礎。但是這三種生活方式，必須要連貫起來，好好的調劑和運用，方能達到完善理想的人生。

說到此地，我們不能不更進一步，去認識三個晶瑩而又偉大的力量了。

一、理想　理想（ideal）是人類對於宇宙和人生所能想像得到的完善的意境。它尤其是人生的啓示，也就是懸在人生前面的燈火，照耀在人生努力的過程上的光明。它不是空想，更不是幻想，因爲它的產生是由精闢的思維和偉大的智慧磨盪孕育而來，並且是曾經嚴格的理則的考驗，和豐富的經驗的體會過的。

人生最容易困頓在現實的溷瀦中間，不能振拔，是很危險的事。權審所謂：「今朝有酒今朝醉，明日愁來明日愁。」就是沈淪在現實裡面可怕的心理。但是尤其可怕的是近年來青年心理中的所謂「現實主義」。共產黨以不擇手段的方式，利用青年求得一時滿足的心理弱點，到處鼓動一種「現實主義」。弄到青年不顧宿舍裡共同的幸福，一轉眼就把木床劈來燒開水；不顧實驗材料的極度困難，而把實驗室的酒精燈點來煮雞蛋；甚至於燒掉教室裡的桌椅而弄到大家站著聽講！把求知的工具毀了，入學的目的去了，只爲了一時的快意和滿足！那些遺害青年的毒辣煽動，造成這樣可怕的變態心理！這種變態心理的蔓延，最後到了一般的社會，造成一種所謂「吃光運動」！

當民國三十七、八年間，尤其是在南京上海一帶，許多人如瘋如狂的把儲蓄著可吃的東西吃了不算，還把可賣的東西賣了，由甲地坐火車到乙地，盡量的享受一下。享受過後，並不能「壽終正寢」，於是再來嘆氣和怨恨。共產黨企圖顛覆政府，破壞後方的目的是達到了，可是被鼓動到如飲狂泉的人們，卻是封鎖在鐵幕後面過饑餓和奴役的生活了！至於在社會道德上所留的餘毒，更是難於估計。受到這種惡果之後，我們還能不覺悟嗎？

我們要恢復人性、提高人生，不能不有理想。我們要建設國家，重定世界秩序，更不能不有理想。理想是我們的遠景，也就是使我們興奮而努力的目標。理想是隨著時代的進步而舒展的，所以最後的理想總是不能達到；可是正是因爲如此，人生的繼續才更有意味。

二、智慧　智慧（wisdom）是人生的透視，是一種微妙的穎悟，同時也是這穎悟的結晶。它能籠罩和體會著理性和經驗，而從這中間悟到某項的眞理。智慧與智力很難嚴格的劃分。智慧常常憑藉智力做基礎，可是到某一階段，它能別有會心。它的效能的發揮，往往在人與人間的關係上，所以歷代哲人遺留下來的智珠，也常常是人生哲學裡的珍藏。拿當前的問題來作譬喻，製造原子彈是要靠高度的智力，而如何運用原子彈，則需要很大的智慧。在兩軍相戰的時候，可充分運用智力以取得勝利；但是勝利以後，如何可以運用戰利的成果，來調整各種國家民族間的關係，以建立世界新的秩序、長期的和平，卻更需要很大的智慧。在人事方面，尤其是有歷史性的重大決定中，有無智慧的成分，關係極爲重大，因爲許多後果，只有歷史才能證明。智慧在歷史上發生的影響尚且如此，在個人生命過程中的重要抉擇上，何獨不然？

三、人格　人格是衡量個人一生生命價值的標準，是某一個人之所以異於他人的特徵，也就是某一個人生命連續的維持力，尤其是他道德的生命。人類社會之所以能夠形成，全靠人與人之間的彼此信任。信任的基礎在於彼此之間最低限度的人格的認識。

飄忽無定，變化莫測的生活形態，只見之於小說裡的鬼狐，而不當以此衡量人類。搖身一變，朝秦暮楚的人，絕不能說是有人格。人之所以爲人，就只靠肉體，僅認軀殼嗎？那麼，生理學家和化學家可以坦白的告訴你，你的全身只不過是若干氫、氧、炭、鈣等等原子所組成；它們更化身爲無數的細胞，這細胞每天的新陳代謝又以千百萬的單位來計算；一死之後，則整個軀體，又大大的解放，送到氫、氧、炭、鈣等等原子的原形。這樣說來，人固不成人，我也不成我，那還要講什麼做人，更何需什麼人的努力？這是唯物史觀必有的結論，這也是十九世紀後期許多人只看見物質科學發達，而受震炫後所得到的感覺。就是梁任公初聞此說，也受震炫，遂有「不惜今日之我與昨日之我宣戰」的言論。哪知道人生並不是這樣片面的、慘酷的、無意義的。

人的結合不是片面的，所以肉體之外，還有心靈；形貌之外，還有做人的典型；他整個的生命固然在宇宙的時空系統中有他的眞實性，而他生命留下來的事功，更可以長期流傳下去，不斷的發生輻射性的放射作用，波動和蘊積成爲絕大的影響。而人格對於整個生命發生的聯繫和連續作用，尤爲巨大。生命的價值也靠它衡量。

說到人格維持生命的連續，使我不能不提到一個不可磨滅的故事，來作說明。

當明末松山之役敗後，洪承疇也經過一個不屈時期而後降清，嗣受清廷的重用，任爲經略。後來黃道周在安徽兵敗被俘，絕食七天不死，解到江寧。洪與黃爲同鄉，想保全他的生命。「使人來曰：『公毋自苦，吾將保公不死。』公罵曰：『承疇之死也久矣！松山之敗，先帝痛其死，躬親祭之，焉得尙存？』」至今黃道周雖死而他的人格尙放光芒，洪承疇降後雖然偷生，但當時他有價值的生命已經中斷，因爲他早把自己的人格毀了！

當然人格是道德的名詞。須知價值也是道德的名詞。哲學裡全部的價值論就帶著道德的含義。儘管有人不喜歡它，要否定它，可是毀滅了它，則整個的人類也隨之毀滅，人類的生命也同歸於盡。這世界只有讓禽獸和昆蟲來住，自不必再有人生哲學了！

要發揮新人生觀以創造新生命、新秩序，必須要先創造一種新的空氣，這就要靠開風氣之先，和轉移一世風氣的人。社會的演進，本不是靠多數沈溺於現在的溷豬的人去振拔的，而是靠少數特立獨行、出類拔萃的人去超度的。後一種的人對於這種遺大投艱的工作，不只是要用思想去領導，而且要以實行的榜樣去領導。看遍歷史，都是這樣；所尊孔、墨乃是力行的先哲。明季的顏習齋、李恕谷一般人更主張極端的力行。

就拿近代的曾國藩來說，他幫清廷來平太平天國，我們並不贊成；但是當吏偷民情、政治社會腐敗達於極點的時候，他能轉移一時風氣，化亂世而致小康，也頗有人所難能的地方。他批評當時的吏官是：「大率以畏葸為慎，以委靡為恭。京官之辦事通病有二，曰畏縮，曰瑣屑；外官之辦事適病有二，曰敷衍，曰顢頇。」所以當時到了「外面完全而中已潰爛」的局面。他論當時的軍事，引鄭公子突的話，說是：「勝不相讓，敗不相救，輕而不整，貪而不親。」他感慨當時的世道人心是：「無兵不足深憂，無餉不足痛哭，唯求一攘利不先，赴義恐後，忠憤耿耿者，不可亟得……殊堪浩嘆。」他並不如一般人所想像，以為是一個很謹愿的人，反之他是一個很聰明而很有才氣的人；不過他硬把他的聰明才氣內斂，成為一種堅韌的毅力，而表面看過去像是一個忠厚長者。他憑藉羅澤南在湖南講學的一個底子，又憑自己躬行實踐號召的力量，結合一班湖南的書生，居然能轉移風氣，克定大難，為滿清延長了幾十年生命。（他轉移軍隊風氣的一個例子，很值得注意。他不是說當時軍隊「敗不相救」嗎？他以「千里相救」為湘軍「家法」，所以常常打勝仗。）一個曾國藩在專制政體的舊觀念之下，還能以躬行實踐，號召一時，何況我們具有新的哲學深信，當著這國家民族生存戰爭的重大關頭？

在這偉大的時代，也是顛簸最劇烈的時代，確定新的人生觀，實現新的生活方式，是最迫切而重要的事。方東美先生說：「中國先哲遭遇民族的大難，總是要發揮偉大深厚的思想，培養溥博沈雄的情緒，促我們振作精神，努力提高品德。他們抵死推敲生命意義，確定生命價值，使我們腳跟站得住。」

當拿破崙戰爭時代，德國的哲學家菲希特（Fichte）講學，發表告《德意志民族》一書，也是這個意思。現在有如孤舟在大海一樣，雖然黑雲四布，風浪掀天，船身搖動，船上的人衣服透濕，痛苦不堪；只要我們在舵樓上腳跟站穩，望著前面燈塔的光明，沈著的、英勇的鼓著時代的巨輪前進，終能平安的肩舟穩渡。這一點小小的惡作劇，不過是大海航程中應有的風波！

2・道德的勇氣

要建立新人生觀，第一必須養成道德的勇氣（moral courage）。道德的勇氣是和通常所謂勇（bravery）有區別的。通常所謂勇，不免偏重體力的勇，或是血氣的勇；而道德的勇氣，乃是人生精神力量最好的表現。「匹夫之勇」與「好勇鬥狠」的勇，哪能相提並論？

什麼是道德的勇氣？要知道什麼是道德的勇氣，就要先知道什麼是不道德的勇氣。

第一、衝動不屬於道德的勇氣 衝動的行爲是感情的，不是理智的；是一時的，不是持久的。他不曾經過周密的考慮、審慎的計畫，所以不免「一鼓作氣，再而衰，三而竭。」他的表現是暴烈（violence），暴烈是與堅毅（tenacity）成反比例的。暴烈愈甚，堅毅愈差。細察社會運動的現象，歷歷不爽。

第二、虛矯也不屬於道德的勇氣，絕不能成大事　所謂「舉趾高，心不固矣。」我們所要的不是這一套，我們所要的是「臨事而懼，好謀而成。」對事非經實在考慮以後，絕不輕易接受，而一經接受，就要咬緊牙根，以全力幹到底。他所有的勇氣，都是經內心鍛鍊過的力量，以有程序的方式表現出來的。

舉一例來說明，我有一次在美國費勒得菲亞城，看一齣英國文學家君格瓦特爾（John Drinkwater）的歷史名劇，叫做《林肯》（Abraham Lincoln），當林肯被共和黨推爲候選大總統的時候，該黨代表團來見他，並且說明因爲民主黨內部的分裂，共和黨的候選人是一定當選的。他聽到這個消息，沈默半晌，方才答應。等代表團走了以後，他又一聲不響的凝視壁上掛的一幅美國地圖。看了許久，他嚴肅地獨自跪在地圖前面祈禱。我看完以後，非常感動，回到寄住的人家來，半夜不能睡覺。心裡想假如一般中國人聽到自己能當選爲大總統的消息，豈不要眉飛色舞，立刻請客開舞會嗎？

中國名劇《牡丹亭》中，寫一位教書先生陳最良科舉中了，口裡唸道：「先師孔夫子，猶未見周王，老夫陳最良，得見聖天子，偶然哉！偶然哉！」於是高興得滿地打滾。但是林肯知道可以當選爲大總統的時候，卻感覺到國家重大的責任將落在雙肩上了，這不是一件容易的事，不是一件可快樂的事。凝視國家的地圖，繼之以下跪來祈禱。這是何等相反的寫照！

道德的勇氣是要經過長期鍛鍊才會養成的。但是要養成道德的勇氣，必定要有兩個先決條件：第一是天性的敦厚，第二是體魄的雄健。

就第一個條件說，一個人有無作爲，先要看他的天性是否敦厚。不要說看人能否擔當國家大事，就是我們結交朋友，也要先認定他天性是敦厚還是涼薄，才可以判斷他能不能共患難。凡對自己的親屬都刻薄寡恩的人，是絕不會對於朋友篤厚忠誠的。自然這樣的人，也絕不會對於國家特別維護，特別愛戴的；所以古來許多大政治家用人的標準，是寧取笨重，而不取小巧。倒是鄉間的農夫，看來雖似愚笨，卻很淳樸誠懇，到患難的時候講朋友。只有那戴尖頂小帽，口齒伶俐，舉動漂亮的人，雖然一時討人歡喜，卻除了做「小官僚」、做「洋行小鬼」而外，別無可靠之處。

就第二個條件說，則體力與膽量關係，實在密切極了。二者之間，係數極大。體力好的人不一定膽子大；體力差的人，卻常常易於膽子小。一遇危難，倉皇失措，往往是體力虛弱，不能支持的結果。《左傳》形容鄭國的小駟上陣，是「張脈奮興，陰血周作，進退不可，周旋不能。」所以把戰事弄糟了；用他們駕戰車上陣的國王，也就誤在這馬的身上。馬猶如此，人豈不然。我相信膽子是可以練得大的，但是體魄是膽子的基本。擔當大事的人可以少得了它嗎？

具備這兩個先決條件，然後方可以談到如何修養道德的勇氣。修養就是把原來的質素加以有意識的鍛鍊。孟子所謂：「天將降大任於斯人也，必先苦其心志，勞其筋骨，餓其體膚，空乏其身，行拂亂其所為；所以動心忍性，增益其所不能。」正是對於修養工作最好的說明。從這種修養鍛鍊之中，才可以養成一種至大至剛的「浩然之氣」，一種「泰山崩於前而色不沮，黃河決於側而神不驚」的從容態度；修養到了這個地步，道德的勇氣才可以說是完成。

但是有什麼具體的辦法，來從事於這種修養呢？

一、知識的陶鎔 眞正道德的勇氣，是從知識裡面產生出來的，因為經過知識的磨練而產生的道德的勇氣，才是有意識的，而不是專性直覺的。固然「是非之心，人皆有之」，但這還是指本性的、直覺的方面而言。

在現代人事複雜的社會裡，一定要經過知識的陶鎔，才能眞正辨別是非，才能樹立「知識的深信」（intellectual conviction）。知識的深信，是一切勇氣的來源，唯有經過嚴格知識的訓練的人，才能發爲有系統、有計畫、有遠見的行動。他不是不知道打算盤，只是他把算盤看透了！

二、生活的素養　僅有知識的陶鎔還不夠，必須更有生活的素養。西洋哲學家把簡單的生活和高超的思想（Simple living and high thinking）包括在一起，實在很有道理。沒有簡單的生活，高超的思想是不能充分發揮的。社會上有些壞人，並不是他們自己甘心要壞的，乃是他的生活享受的標準，一時降不下來，以致心有所蔽，而行有所虧。那佔有慾（Possessive instinct）的作祟，更是一個重大原因。

明末李自成破北京的時候，有兩個大臣相約殉國。兩個人說好了，一個正要辭別回家，這位主人送客出門，客還沒有走，就問自己的佣人餵了豬沒有。那位客人聽了，就長歎一聲，斷定他這位朋友不會殉國。他的理由是：世間豈有豬都捨不得而肯自己殉國之理。後來果然如此。

中國還有一個故事，說一個貪官死去，閻王審問他的時候說：「你太貪了，來生罰你變狗。」他求閻王道：「求閻王罰我變母狗，不要變公狗。」閻王說：「你這人眞沒有出息，罰你變狗你還要變母狗，這是什麼道理？」他說：「我是讀過《禮記》的。《禮記》上說：臨財母狗得，臨難母狗免，所以我要變母狗。」

原來他把原文的「毋苟」二字讀「母狗」，以爲既可得財，又可免難。這雖是一個笑話，卻是對於「心有所蔽」而不能抑制佔有慾者一個最好形容。須知一個人的行動，必須心無所蔽，然後在最後關頭，方可發揮他的偉大。這種偉大就是得之於平日生活修養之中的。

三、意志的鍛鍊　普通的生活是感覺的生活（life of senses），是屬於聲色香味的生活，而不是意志的生活（Life of Will）。意志的生活，是另一種境界，只有特立獨行的人才能過得了的。他有百折不回的意志，堅韌不拔的操行，所以「舉世譽之而不加勸，舉世毀之而不加沮。」他有「雖千萬人吾往矣」的氣概，所以悠悠之口，不足以動搖他的信念。他能以最大的決心，去貫徹他的主張。他是「富貴不

能淫，貧賤不能移，威武不能屈」的；他不但「不挾長，不挾貴」，而在這個年頭，更不能挾群衆，且不爲群衆所挾。他是堅強的，不是脆弱的，所以他的遭境愈困難，而他的精神愈奮發，意志愈堅強，體力愈充盈，生活愈緊張。

凡是脆弱的人，最後都是要失敗的。辛亥革命的時候，《民立報》的一位編輯徐血兒，以二十歲左右的青年，做了「七血篇」，慷慨激昂，轟動一時。等到二次革命失敗，他便以爲天下事不可爲了，終日花天酒地，吐血而死，成爲眞正的「血兒」。這就是意志薄弱、缺乏修養的結果。

至於曾國藩一生卻是一個堅強意志的表現。他辛辛苦苦，接連幹了十幾年。雖然最初因軍事敗衄要自殺兩次，但是他後來知道困難是不可避免的，唯有以堅強的意志去征服困難，才有辦法，所以絕不灰心，繼續幹下去。等到他做到了「韌」的功夫，他才有成就。

四、臨危的訓練　一個偉大的領袖和他的偉大的人格，只有到臨危的時候，才容易表現出來。世界上哪一個偉大的人物，不是經過多少的危險困難，不爲所屈，而後能夠產生的？俗語說：「老和尚成佛，要千修百鍊。」修鍊的時候，是很苦的。時而水火，時而刀兵，時而美女，一件一件的來逼迫他，引誘他。要他不爲所屈，不爲所動，而後可以成佛。這種傳說，很可以形容一個偉大人物的產生。從前全國人對委員長蔣先生還不能有深刻的認識，等到西安事變發生，他在極度危險的環境當中，依然保持他的尊嚴與氣度，然後大家才都能眞正認識他、信仰他、崇拜他。甚至連反對他的人也都受了感動，不得不對他肅然起敬了。因爲在這樣九死一生的危險時機，他的偉大的人格和精神都充分的表現出來。

中國人常說：「慷慨成仁易，從容就義難。」張睢陽臨刑前說：「南八，男兒死耳，不爲不義屈。」這種臨危的精神，是不因爲他死而毀滅的。黃黎洲先生在他的《補歷代史表序》上有一段文章說：「元之亡也，危素趨報恩寺，將入井中。僧大梓云：『國史非公莫知，公死是死國之史也。』素是以不死。後修元史，不聞素有一詞之贊。及明之亡，朝之任史事者衆矣，顧獨藉一萬季野以留之，不亦可慨也夫！」這段沈痛的文字，豈僅指危素而言，也同時是爲錢謙益輩而發。要知不能臨危不變的人，必定是怯者、是懦夫。只有強者才不怕危險，不但不怕危險，而且愛危險，因爲在危險當中，才能完成他人格充分的發揮。

中國歷史上，有不少偉大的人物，如文天祥、史可法等，是可以積極表現道德的勇氣的。十年以前，我和蔣先生閒談。我說，我們在開國的時候，何必多提倡亡國成仁的人物，和文天祥、史可法諸位呢？蔣先生沈默了一會，他說：「文天祥不可以成敗論，其百折不回、從容就義的精神，眞是偉大！」

我想文天祥的人格、行爲，及其留下的教訓，現在很有重新認識的必要。他最初不見用於亂世，等到大局不可收拾的時候，才帶新兵二萬入衛，元朝伯顏丞相兵薄臨安，宋朝又逼他做使臣去「講解」。他以抗爭不屈而被拘留。他的隨從義士杜滸等設計使他逃出，準備在眞州起兩淮之兵，又遭心懷疑貳的驕兵悍將所扼，幾乎性命不保，逃至揚州，旋逃通州。路遇伏兵，饑餓得不能走了；杜滸等募兩個樵夫把他裝在挑土的竹籃中抬出。航海到溫州起兵，轉到汀州、漳州，經廣東梅州而進兵規復江西。漢奸吳浚來說降他，他把吳浚殺了。江西的會昌、雩都、興國、撫州、吉安，和廬陵的東固鎮都有他的戰績。他的聲勢，一度振於贛北和鄂南。兵敗了，妻子都失陷了，他又重新逃回到汀州，再在閩粵之間起兵；又由海豐、南嶺打出來，在五坡嶺被執。自殺不死，路過廬陵家鄉絕食不死；解到燕京，元人起初待以上賓之禮說降他，以丞相的地位引誘他，他總是不屈，要求元朝殺他。若是不殺他，他逃出來，還是要起兵的。元朝也爲這個理由，把他殺了。他在獄中除作了《正氣歌》之外，還集杜詩二百首，這是何等的鎭靜！何等的從容！他就刑時候的「孔曰成仁，孟曰取義，惟其義盡，所以仁至。讀聖賢書，所學何事？而今而後，庶幾無愧！」幾句話，不獨留下千秋萬世的光芒，也是他一生修養成功的「道德的勇氣」的充分表現。

他本來生活是很豪華的，經國難舉兵以後，一變其生活的故態。他的行爲，有兩件特別可注意的事。第一是他常是打敗仗而絕不灰心。當然他是文人，兵又是烏合之衆的義兵，打敗仗是意想得到的。但是常打勝仗，間有失敗而不灰心還容易；常打敗仗而還不灰心，實在更困難。這是「知其不可而爲之」的精神。第二是他常逃，他逃了好幾次，但是他逃了不是去偷生苟活，他逃了還是去舉兵抗戰的。這種百折不回的精神，是表現什麼叫勇氣？做事只要是對的，成敗有什麼關係？「若失成功則天也」，也是他最後引以自慰的一句話。文天祥出來太晚了！文天祥太少了！若是當時人人都能如此，元朝豈能亡宋？所以文天祥不但是志士仁人，而且是民族對外抗戰的模範人物！

必須有準備殉國成仁的精神，才能做建國開基的事業，進一步說，若是眞有準備殉國成仁的精神，一定能完成建國開基的事業！「時窮節乃見，一一垂丹青！」

3．知識的責任

要建立新人生觀，除了要養成道德的勇氣之外，還要能負起知識的責任（intellectual responsibility）。本來責任是人人都有的，無論是耕田的、做工的、從軍的，或者是任政府官吏的，都各有各的責任。爲什麼我要特別提出「知識的責任」來講？知識是人類最高智力發展的結晶，是人類經驗中最可珍貴的寶藏，不是人人都能取得、都能具備的；因此凡有求得知識機會的人，都可說是得天獨厚、享受人間特惠的人，所以都應該負一種特殊的責任。而且知識是精神生活的要素，是指揮物質生活的原動力，是我們一切行爲的最高標準。倘使有知識的人不能負起他特殊的責任，那他的知識就是無用的，不但無用，並且受了糟蹋。

糟蹋知識是人間的罪惡，因爲這是阻礙或停滯人類文化的發達和進步。所以知

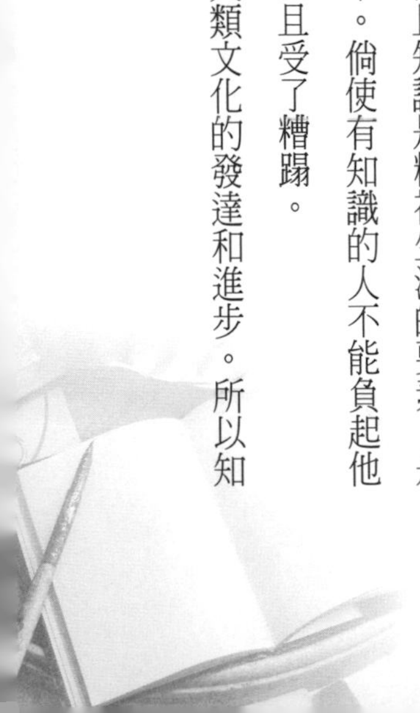

識的責任問題，值得我們加以嚴重的注意。我們忝屬於所謂知識分子，尤其覺得這是一個切身問題。

所謂「知識的責任」，包含三層意義：

第一、是要有負責的思想 思想不是空想、不是幻想、不是夢想，而是搜集各種事實的根據，加以嚴格邏輯的審核，而後構成的一種有周密系統的精神結晶。所以一知半解，不足以稱爲成熟的思想；強不知以爲知，更不能稱爲成熟的思想。思想是不容易成立的；必須要經過邏輯的陶鎔、科學的鍛鍊，凡是思想家，都是不斷的勞苦工作者。「焚膏油以繼晷，恆矻矻以窮年。」他的求知的活動，是一刻不停的，所以他才能孕育出偉大成熟的思想，以領導一世的思想。

思想家都是從艱難困苦中奮鬥出來的。他們爲求眞理而蒙受的犧牲，絕不亞於在戰場上鏖戰的犧牲。拿科學的實驗來說，譬如在實驗室裡試驗炸藥的人，被炸傷或炸死者，不知多少；又如到荒僻的地方調查地質、生物、人種的人，或遇天災而死，或染疾而死，或遭盜匪蠻族殺害而死的，也不知多少。他們從這種艱苦危難之中得來的思想，自然更覺得親切而可以負責。西洋學者發表一篇學術報告或論文，都要自己簽字，這正是負責的表現。

第二、是除有負責的思想而外，還要能對負責的思想去負責　思想既是不易得到的眞理，則一旦得到以後，就應該負一種推進和擴充的責任。眞理是不應埋沒的，是要發表的。在發表以前，固應首先考慮他是不是眞理，可不可以發表；但是既已考慮發表以後，苟無新事實新理論的發現和修正，或是爲他人更精闢的學說所折服，那就應當本著大無畏的精神把他更尖銳地推進、更廣大地擴充。

我們讀西洋科學史，都知道科學家爲眞理的推進和擴充而奮鬥犧牲的事蹟，眞是「史不絕書」。譬如哥白尼（Copernicus）最先發現地動學說，說太陽是不動的，地球及其他行星都在他的周圍運行，他就因此受了教會多少的阻礙。後來白朗羅（Bruno）出來，繼續研究，承認了這個眞理，極力傳播，弄到觸犯了教會的大怒，不僅是被捕入獄，而且被「點天燈」而死。伽利略（Galileo）繼起，更加以物理學的證明，去闡揚這種學說，到老年還鐵鎖琅瑺，飽受鐵窗的風味。他們雖受盡壓迫和困辱，但始終都堅持原來的信仰，有「鼎鑊甘如飴，求之不可得」的態度。他們雖因此而犧牲，但是科學上的眞理，卻因爲他們的犧牲而確定。像這種對於思

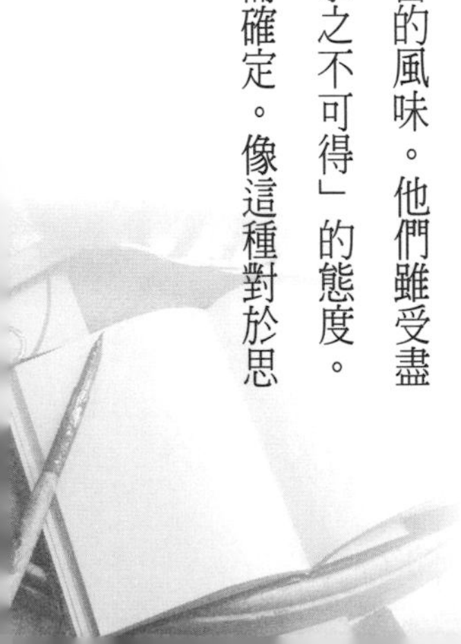

想負責的精神，才正是推動人類文化的偉大動力。

第三、知識分子既然得天獨厚，受了人間的特惠，就應該對於國家民族社會人群負起更重大的責任來　世間亦唯有知識分子才有機會去發掘人類文化的寶藏，才有特權去承受過去時代留下最好的精神遺產。知識分子是民族最優秀的分子，同時也是國家最幸運的寵兒。如果不比常人負更重更大的責任，如何對得起自己天然的秉賦？如何對得起國家民族的賜予？又如何對得起歷代先哲的偉大遺留？

知識分子在中國一向稱爲「士」。曾子說：「士不可以不弘毅，任重而道遠。仁以爲己任，不亦重乎？死而後已，不亦遠乎？」身爲知識分子，就應該抱一種捨我其誰、至死無悔的態度，去擔當領導群倫、繼往開來的責任。當民族生死存亡的緊急關頭，知識分子的責任尤爲重大。范仲淹主張「先天下之憂而憂，後天下之樂而樂。」必須有這種抱負，才配做知識分子。他的「胸中十萬甲兵」，也是由此而來的。

提起中國的知識分子，我們很覺痛心。中國社會一般的通病，就是不負責任，而以行政的部分爲尤甚（這當然是指行政的一部分而言）。從前的公文程式，是不用引號的，辦稿的時候，引到來文不必照抄，只寫「云云」二字，讓書吏照原文補寫進去。傳說沈葆楨做某省巡撫，發現某縣的來文上，書吏照抄云云二字，不曾將原引來文補入，該縣各級負責人員，也不曾覺察。於是他很幽默的批道：「吏云云，幕云云，官亦云云，想該縣所辦之事，不過云云而已。」這是一個笑話，但是很足以形容中國官僚政治的精神。

中國老官僚辦公事的祕訣，是不負責任，推諉責任。所以上級官廳對下的公事，是把責任推到下面去；下級官廳對上級的公事，是把責任推到上面去。責任是一個皮球，上下交踢。踢來踢去的結果，竟在這火線中間，有一段「無人之境」（No man's land）一樣。這是行政界的通病，難道知識界就沒有互相推諉不負責任的情形嗎？有幾多人挺身而出，本著自己的深信，拿出自己的擔當來說，這是我研究的眞理，這是我服務的責任，我不退縮，我不推諉？

這種不負責任的病根，診斷起來，由於下列各點：

第一、缺少思想的訓練　這裡思想不曾經過嚴格的紀律，因此已有的思想固不能發揮，新的思想也無從產生。外國的思想家常提倡一種——嚴正而有紀律的思想（rigorous thinking），就是一種用邏輯的烈火來鍛鍊過的思想。正確的思想是不容易獲得的，必得經過長期的痛苦，嚴格的訓練，然後才能爲我所有。

思想的訓練，是教育上的重大問題。歷次世界教育會議，對於這個問題，都曾加以討論。有人主張研究社會科學的人，他得學高深的數學，不是因爲他用得著這些數學，乃是因爲這種數學是他思想的訓練。思想是要有紀律的。思想的紀律，絕不是去束縛思想，而是去引申思想、發展思想。中國知識界現在就正缺少這種思想上的鍛鍊。

第二、容易接受思想　中國人向來很少人堅持他特有的思想，所以最容易接受他人的思想。有人說中國人在思想上最爲寬大，最能容忍，這是美德，不是毛病。但是思想這件事，是就是是，非就是非，談不到什麼寬大和容忍。不是東風壓倒西風，便是西風壓倒東風。

哥白尼主張地動說，固然自己深信是對的；就是白朗羅和伽利略研究這個學說認爲他是對的以後，也就堅決地相信他、擁護他，至死終不改變。試看西洋科學與宗教戰爭史中，爲這學說奮鬥不懈，犧牲生命的人，曾有多少。這才是對眞理應有的態度。中國人向來本相信天圓地方，「氣之輕清，上浮者爲天，氣之重濁，下凝者爲地。」但是西洋的地動學說一傳到中國，中國人立刻就說地是圓的，馬上接受，從未發生過流血的慘劇。

又如達爾文的生物進化論，也是經過多年遭到宗教的反對，才從苦鬥中掙扎出來的。直至一九一一年，德國還有一位大學教授，因講進化論而被辭退；甚至到了一九二一年，美國田納西（Tennessee）州，還有一位中學教員因講進化論而遭訴訟。這雖然可以說是他們守舊勢力的頑固，但是也可表現西洋人對於新思想的接受不是輕易的。可是在中國卻不然。中國人本來相信盤古用金斧頭開天闢地。「自從盤古開天地，三皇五帝定乾坤。」不是多少小說書上都有的嗎？但是後來進化論一傳進來，也就立刻說起天演，物競天擇，和人類是猴子變來的。（其實人類是猴子的「老表」。）人家是經過生物的實驗而後相信的。我們呢？我們只是因爲嚴復譯了赫胥黎的《天演論》，文章做得極好，吳摯甫恭維他「駸駸乎周秦諸子矣！」於是全國風從了。

像這樣容易接受思想，只足以表示我們的不認眞、不考慮，這哪裡是我們的美德？容易得，也就容易失；容易接受思想，也就容易把他丟掉，這正是中國知識界最顯著的病態。現在中國愈是中學生，愈是一知半解的人，愈好談主義，就是這個道理。

第三、混沌的思想 既沒有思想的訓練，又容易接受外來的思想，其當然的結果，就是思想的混沌。混沌云者，就是混合不清。況且這種混合是物理上的混合，而不是化學上的化合。

上下古今，不分皀白，攪在一起，這就是中國思想混合的方式。我不是深閉固拒，不贊成採取他人好的思想，只是採取他人的思想，必須加以自己的鍛鍊，才能構成自己思想的系統。這才眞是化學的化合呢！

西洋人也有主張調和的，但是調和要融合（harmony）才對，不然只是遷就（compromise）；眞理是不能遷就的。

我常怪中國的思想中，「雜家」最有勢力。如春秋戰國時代，百家爭鳴，極端力行的墨家，虛寂無爲的老子，都是各樹一幟，思想上的分野是很清楚。等到戰國收場的時候，卻有《呂氏春秋》出現，混合各派，成爲一個「雜家」。漢朝斥百家而尊儒孔，實際上卻尙黃老，結果淮南子得勢，混合儒道，又是一個雜家。這種混雜的情形，直至今日，仍相沿未改。

二十年前我造了一個「古今中外派」的名詞，就是形容這種思想混雜的人。丈夫信仰基督教，妻子不妨念佛，兒子病了還要請道士「解太歲」。這是何等的容忍！容忍到北平大出喪，一班和尙、一班道士、一班喇嘛、一班軍樂隊，同時並列，眞是蔚爲奇觀！這眞是中國人思想的縮影！

第四、散漫的思想　這是指片段的、瑣碎的、無組織的思想。散漫的思想固然由於思想無嚴格的訓練，但主要的原因還是由於懶，這思想的方式常靠觸機，只是靈機一來，思想就在這靈機來的一刹那停止了，不追求下去了。這如何能發生系統的思想、精密的思想？於是成了「萬物皆出於幾，萬物皆入於幾」的現象。他只是讓他的思想，像電光石火一樣的一陣陣的過去。有時候他的思想未始不聰明，不過他的聰明就止於此。六朝人的雋語，是由此而來的。《世說新語》的代代風行也是爲此。

中國人的善於「玩字」，沒有其他的理由。因此系統的精密的專門哲學，在中國很難產生。因此中國文學裡很少有西洋式，如彌爾頓的《失樂園》，歌德的《浮士德》那般成冊的長詩。因此筆記小說爲文人學士消閒的無上神品。現在還有人提倡沈三白的《浮生六記》，和小品文藝，正是這種思想的斜暉落照！不把思想的懶根性去掉，系統的偉大思想是不會產生的。

第五、頹廢的思想 頹廢的思想是思想界的鴉片煙，是民族的催眠術——並且由催眠術而進爲催命符。頹廢的思想就是沒有氣力的思想、沒有生力的思想。什麼東西如果一經過他思想的沙濾缸，都是懶洋洋的。

頹廢的思想所發生的影響，就是頹廢的行爲。以現在的文藝品來說，有許多是供閨秀們消閒的，是供老年人娛晚景的。有錢的人消閒可以，這是一格；但是我們全民族是在沒有飯吃的時候，沒有生存餘地的時候呀！老年人消閒可以，因爲他的日子是屈指可算的，但是給青年人讀可爲害不淺了。而現在喜歡讀這些刊物的反而是青年人！

文人喜歡詩酒怡情，而以李太白爲護符。是的，李太白是喜歡喝酒。「李白斗酒詩百篇」。你酒是喝了，但是像李太白那樣的一百篇詩呢？我們學李太白更不要忘記他是「十五學劍術，遍干諸侯，三十成文章，歷抵卿相，雖長不滿七尺，而心雄萬夫」的人呀！你呢？頹廢的思想不除，民族的生力不能恢復。

第六、不能從力行中體會思想　更以思想證諸力行，中國的文人、中國的「士」，是最長於清談的、最長於享受的。在魏晉六朝是「清談」，在以後蛻化而爲「清議」。清談、清議是最不負責任的思想表現。南宋是清議最盛的時代，所以弄到「議未定而金兵已渡河」。明末也是清議最盛的時代，所以弄到忠臣義士，凡事不能作有計畫的進行，逼得除了一死以外，無以報國。「清議可畏」，眞是可畏極了！橫豎自己不幹，人家幹總是可以說風涼話了。自己歎歎氣、享享樂罷。「且以喜樂，且以永日，我躬不閱，遑恤我後。」

老實說，現在我們國內的知識分子，也不免宋明的清議風氣，只是把享樂換了一套近代化的方式罷了。我九年前到北平去，看見幾位知識界的朋友，自己都有精緻的客廳、優美的庭園、蒔著名卉異草；認爲不足的時候，還可以到北海公園去散步，我當時帶笑的說道，現在大家是「花萼夾城通御氣」，恐怕不久要「芙蓉小院入邊愁」了。現在回想起來，字字都是傷心之淚。不僅是北平如此，他處又何獨不然？

我們還知道近年來通都大邑有「沙龍」的風氣嗎？「我們太太的沙龍」是見諸時人小說的。很好，有空閒的下午，在精緻的客廳裡找幾位時髦的女士在一道，談談文藝，談談不負責任的政治。是的，這是法國的風氣，巴黎有不少的沙龍，但是法國當年還靠著萊茵河那邊綿延幾百里的馬奇諾防線呀！哪知道紙醉金迷的結果，銅牆鐵壁的馬奇諾竟全不可靠。色當一役，使堂堂不可一世的頭等強國，重蹈拿破崙第三時代的覆轍，夷爲奴隸牛馬，這是歷史上何等的悲劇？

我不否認享樂是人生應有的一部分，只是要看環境和時代。我們的苦還沒有動頭呢！我們不願意苦，敵人也還是要逼得我們苦的。「來日大難」，現在就是，何待來日？我們現在都應懺悔。我們且先從堅苦卓絕的力行裡體會我們的思想，同時把我們堅強而有深信的思想，放射到力行裡面去。

以上的話，是我們互責的話。也是我們互勉的話。因爲如果我腦筋裡還有一格蘭姆知識的話，我或者也可以忝附於知識分子之列。我所犯的毛病，同樣的也太多了，不過我們要改造民族的思想的話，必定先要自己負起知識的責任來。尤其是在現在，知識分子對於青年的暗示太大了。

我們對於青年現在最不可使他們失望，使他們喪失民族的自信心。我們稍見挫折，便對青年表示無辦法，是最不可以的事。領導青年的知識分子尚且如此，試問青年心理的反應何如？我們要告訴他們，世界上沒有沒有辦法的事，民族斷無絕路，只要我們自己的腦筋不糊塗！

知識是要解決問題的。知識不怕困難，知識就是力量。而且這種力量如此之大，凡是物質的力量透不進去的地方，知識的力量可以先透進去，物質的力量就會跟著透過去。全部的人類文化史，可以說明我這句話。我們只要忠誠的負起知識的責任來，什麼困難危險都可以征服！

顧亭林說道：「天下興亡，匹夫有責。」何況知識分子？他又說：「有亡國者，有亡天下者。」他所謂「亡國」是指朝代的更換，他所謂「亡天下」是指民族的滅亡。現在我們的問題，是要挽回亡天下、亡民族的大劫。在這時候，知識分子如不負起這特別重大的責任來，還有誰負？

我覺得我們知識分子今後在學術方面要有創作、有貢獻，在事業方面要有改革、有建樹。我們不但要研究其理，並且要對眞理負責。我們尤其要先努力把國家民族渡過這個難關。不然，我們知識分子一定要先受淘汰，連我也要咒詛我們知識分子的滅亡。

4・弱是罪惡，強而不暴是美

近百年來中國成爲一個弱國，這是事實。以往還有人把我們自稱爲「弱小民族」，我極不贊同，我以爲中國「弱」是眞的，但不是「弱小」，而是「弱大」。「大」而「弱」是矛盾的現象，是最大的羞恥，但事實如此，不必諱言。爲什麼會弱？爲什麼會大而弱？弱就根本不應該。我們要把甘心做弱者的觀念改變過來，眞正認識弱是羞恥、是罪惡，只有強而不暴才是美。讓我們來歌頌強和美吧！

怎麼叫做強？我所謂強，不是指比武角力、好勇鬥狠的強，乃是指一個人全部的機能、品性，以及其他一切的天賦，在每一個自然的階段，都能盡善盡美的發展，而達到篤實光輝的地步，才算是強。

多少哲學家常講生命的完美發展與活動（the perfect development and exercise of

life）。生命是要發展的，是要向最善最美的理想發展的；生命是要活動的，是要不斷的活動的。亞理斯多德說橡樹的種子雖小，可是它一點一點不斷的發展起來，就可成爲偉大蘢蔥的橡樹，這才可以說是盡了橡樹之性。這也就是生命的象徵。

達爾文研究生物，認爲最適於生存的生物，乃是健康充實而一切機能都完全的個體；這種個體，在他生長的某一個階段，必須把他所有的天賦，都發展到盡善盡美的地步，生命才能維持。這就是強的效果。所以強者是一定能生存的，一定能站得住的。

弱就是強的反面。弱是賦天之性，就是不能把固有的天賦充分發展，反而戕害它、斲傷它，使它萎謝凋零、停滯腐朽。所以，弱者的結果一定是自趨崩潰，自取滅亡。

你看一朵花，是長得充分飽滿的美呢？還是萎謝不堪的美呢？孟子說：「充實之爲美，充實而有光輝之爲大，」唯有充實、飽滿、雄健，才是美，才是偉大！西洋哲學家如萊伯尼玆（Leibnitz）斯賓諾沙（Spinoza）都曾說過：「天賦各部分機能和力量的和諧發展，是人生的定律，也是宇宙的定律。」（The harmonious development of cap acities and powers is the law of man as of the universe）。和諧的發展，都是美的。音樂是和諧的，有最高的音，有最低的音，各有它適當的地位，最好的節奏，所以音樂是美的。強正是和諧的發展，所以強也是美的。

然而強要不暴，強而暴就失去強的意義，就不美了。強是人人歡喜的。假定你是女子，你願意和生肺癆病到第三期的人一道在街上走呢？還是喜歡和精神飽滿雄赳赳的青年一道在街上走呢？英勇豪邁爲國家干城的軍人，是美的；但如日本軍人的姦淫擄掠、無惡不作，那只是獸性的暴露，就談不上美了。一個酒醉大漢，在街上橫衝直撞，逢人便打，算是美嗎？曹孟德是傑出的人才，而中國人罵他，正是因爲他「欺人孤兒寡婦」。這正是中國優美民族性的表現。我從前在上海讀書的時候，在電車上常常讓座位給日本女子，有些同學不以我爲然，我說我們有本領，可以和她們的男子在戰場上比較，又何必欺人家的「孤兒寡婦」，即非孤兒寡婦，也是此時無抵抗的人。

我說強是美，弱是罪惡。或者有人要說我這話是很危險的。如果說弱是罪惡，小孩子是弱者，難道小孩子有罪惡嗎？我可以答覆他說：小孩子並不是弱者。如果在他小孩子的階段，能充分發展他的生機，發揮他所有的天賦，他正是最強的強者。當然小孩子生下來，也有殘疾不健全的，這多半是先天的罪惡，只是這個罪惡是他的父母負的，不是他自己的責任。

何以「弱是罪惡」？我以為弱的罪惡有三：

第一、就是負天之性　對不起天賦的一切。

第二、就是連累他人　弱者要人照顧他、當心他，把許多向上有為的強者都拉下來。他不但自己不能創造，而且阻止別人的創造；不但自己不能生產，而且消耗別人的生產。

第三、就是縱容強者作惡　假使大家都是強者，罪惡就可減少。世界上多少罪惡，都是弱者縱容強者的結果。打了你的左頰，你再敬以右頰，使人家養成驕橫作惡的習慣，不是罪惡還是什麼？中國自己不爭氣，不但害了自己，而且害了人家。日本今天如此兇橫殘暴，毋寧說是我們把他慣出來的。

這次中日大戰結束以後，我們首先要痛哭自己——哭我們自己不爭氣、不振作，害死了許多英勇有爲的民族壯士，民族精華！其次就要痛哭日本——哭他因爲我們的不爭氣、不振作，而驕縱到走上自取滅亡的道路！

我們現在應該建立一種強者的哲學。但是我的強者的哲學和尼采所謂「超人哲學」有兩點不同：第一、尼采的「超人」觀念，是主張天地不仁，以萬物爲芻狗，所以要自摒於常人之外。我所謂強者的哲學，乃是要覆育人類、提高人類的。第二、尼采所謂「超人」，是生物學上所產生的一種人類，而我所謂強者，乃是能夠發揮他所有的天賦的人，是人人都有資格做的，不是什麼特殊的新人類。

怎樣才能稱爲「強者」？強者有三個基本的條件：

第一、要有最野蠻的身體　我們的體力生力，斷不可使其退化，而且要充分的發揚。我們現在太享受了、太安逸了，因爲勞力減少，抵抗力也薄弱了。想起我們的祖先，在森林原野、高山大谷中生活，披荊斬棘，征服自然，多麼值得羨慕、值得崇拜！我們要恢復我們祖先一樣最野蠻的身體。我寧願看見青年男女，不穿衣服，拿著亮晃晃的刀槍，在深山裡馳騁打獵，而不願看見他們在紙醉金迷的紅綠燈下唱歌跳舞！

第二、只有最野蠻的身體還不夠，還要有最文明的頭腦　身體儘管最野蠻，頭腦卻要最文明。我們要利用自然、征服自然，就非靠文明的頭腦不可。荀子講「大天而思之，孰與物畜而制之；從天而頌之，孰若制天命而用之。」培根（Francis Bacon）講「戡天主義」。試問沒有最高的智力，哪裡能「制天命」與「戡天」；運用自然的能力，而創造人類的文明？

第三、還要有不可征服的精神　強者一定要有堅決的意志，能過意志的生活。他不求享受，不求安逸，但是他的生力卻要求解放，要求發表。所以他不顧利害，在生命的發展過程中，不斷奮鬥，以求得他精神上最大的快樂。他把他整個的生命放在大衆裡面，來提高大衆，而不是壓倒大衆。他要自己向上，同時也帶大家上去，而不把別人拉下來。他以個人的生命，放射於整個的歷史裡面，使歷史更爲豐富、更有光輝。

弱者和強者恰恰相反。弱者是衰頹、屈服、自欺、欺人；他不能想，更不能有力的想。所以弱者的哲學是永遠的否定（everlasting no），絕不能產生永遠的肯定

（ever lasting yes）。他認爲人生和宇宙都是否定的，因爲他沒有勇氣去肯定一切。他也許和佛家一樣，有「悲天憫人」的胸懷，但他看見恆河的水氾濫起來，溺死了多少人，卻不能像荷蘭人一樣築堤防堵。他雖然看見毒蛇猛獸咬死了多少人，但也不能像「益烈山澤而焚之」，使「禽獸逃匿」，人人得有樂土安居。印度人常喜歡表示沒有辦法，他表示沒辦法的時候，就把兩手一伸。有一位在印度多年的外國朋友曾對我說：「若是我能做印度狄克推多的話，我首先要把這伸出來表示沒辦法的手砍下！」這種否定的態度，結果必歸於「涅槃」，以爲自己解脫了就可以解脫一切。這是消極的態度，不是積極的態度。

「強者的哲學」是——

第一、是接受生命、接受現實　生命是前進的、有生機的。保守無從保守，否定除非自殺——但自殺是最懦弱的行爲。強者接受生命，把天賦的生命發展到最完美的地步，無所謂樂觀，也無所謂悲觀。徒然樂觀而不努力，樂觀是不可靠的；徒然悲觀，除非毀滅生命，否則就想悲觀也悲觀不了。所以強者對於人生是不斷的改進，對於宇宙是不斷的創造。現實裡面自然有許多困苦艱難的事，但他接受現實；

不但接受，而且更能不為現實所限制。他不只看見「現在」，而且看見「未來」，用英文來說吧，他不只看見is，而且更看見to be，他要能根據現實的材料，去不斷創造將來無限的光榮。

第二、是不倚賴　他不但不倚賴人，而且也不倚賴神。他受人愛，但不受人憐。他有特立獨行的精神，所謂「飢不食嗟來之食，渴不飲盜泉之水。」他先從自己磨練起、檢討起、奮發起。有了這種精神，他才有資格向上帝禱告——如果他信仰上帝的話。不然上帝要用腳尖把他踢著，微笑地對他說道：「孩子，你還是起來吧，先做個像樣的人再說！」

第三、是接受痛苦，而且歡樂的接受痛苦　痛苦是生命的一部分。眞正的快樂，不是天上掉下來的，而是從掙扎中產生的。在掙扎的過程中，自然有痛苦，卻也有快樂，等到成功以後，則甜蜜的回憶，更是最大的快樂。

好比爬山，山坡陡險，山路崎嶇，喘氣流汗，費盡氣力，但等爬到山頂、放眼四顧，那時的快樂，絕非從飛機上用降落傘下來的人所能領略的。女子生產的時候，是極痛苦的，但是嬰兒的生命、母愛的寄託、民族的前途，都是從這痛苦中得來的。

強者接受生命，生命自然伴著痛苦，但痛苦乃是快樂的母親，是黎明以前的黑暗。生命的奇葩、民族的光明，都從這痛苦中產生。所以強者不求現成的享樂，而是承認痛苦，接受痛苦，歡樂的接受痛苦，要從痛苦中共尋求快樂，產生快樂。人生固然要快樂，但安穩的快樂不但沒有，而且是不值得享受的。

第四、是勇敢的在危險中過生活　在危險中生活，才能得到眞正的樂趣。困難的挫折和危險的震盪，正是磨練偉大人格的最好機會。獅子在非洲撒哈拉大沙漠裡，雖然不容易找到水喝，找到東西吃，但這種最困難的境地，卻使牠能完成獅子的本性。假如把牠養在動物園的籠子裡，天天給牠幾磅牛肉，讓牠舒服的生活著，牠安穩的生活是解決了，但是牠獅子的本性也就喪失了。

我常說要講徹底的唯物主義，最好是做軍閥的姨太太，有洋房可住，汽車可坐，一切摩登的設備，件件都有。但這是人生最高的生活理想嗎？如果說是，那我當然無話可說。講快樂可以量計的英國哲學家穆勒（J. S. Mill）也曾說過：「做一個不滿足的人，好過做一隻滿足的豬。」（It is better to be a human being disatisfied than a pig satisfied）。世界上沒有毫無阻力的成功，恐怖襲擊是常有的。唯有強者才不怕恐怖的襲擊，能勇敢的在危險中生活，以危險的生活去達到生活的理想。

第五、是威嚴的生，正義的怒　做人要有一種威嚴；在這種威嚴的標準之下的事，是不幹的。「生、人之所欲也，所欲有甚於生者；死、人之所惡也，所惡有甚於死者。」只有能威嚴的生，才能被人看得起。

從前英國人往往欺負印度人，現在好多了，至少在英國本部看不出來了。過去英國人上火車沒有座位的時候，印度人是要起來讓座位的。有個故事，說有次一個英國人上火車，沒有座位了，要求一個印度人讓座位；這個印度人不但不讓，而且上前去打了他一個耳光。但是奇怪的是，這個英國人卻並不發怒，且對他說：「你的行爲倒像一個人。」（You behave like a man）讓他打了算了。可見只有保持這種威嚴的態度，人家才會尊重。嘻嘻哈哈鬼混胡鬧的人，是不值得生存的。強者不但要有威嚴的生，還要有正義的怒。所謂正義的怒，不是今天罵人，明天打人；這只是匹夫之勇而已。正義的怒，是含蓄在內，要在適當的時機，正義受厄的關頭，才作鄭重的表現的。所以可以「一怒而安天下」。

第六、是殉道的精神　強者能為理想而犧牲、把自己的生命當作歷史。只有這樣的人愈多，歷史才更豐富、更有意義。這種人只知價值（value），而不知價錢（price），所以能犧牲自己去超度別人。他不是壓迫別人，而是提高別人。像這樣的人，才可稱爲時代的命運之兒。

綜合起來說，強者的生活，是完整的生活。不但他自己的生命是豐富的，他還從豐富自己的生命去豐富民族的生命。他是整個民族歷史生命的繼承者，也是創造者。他能愛，也能被愛；他能令，也能受命；他能勝利，也能失敗；他能想，更能有力的想；他能做夢，更能實現他的夢。他不但能創製樂譜，他還能以熱烈的感情，奏出他的樂譜。他能順著自然的程序，充分發展一切自然的賦予，到最善最美的境地。他的發展是整個的，和諧的、也是美的。他能保持這種美的本質，才能以強制暴，而不會有「以暴易暴兮，不知其非兮」的流弊。所以「強者乃是完整的人」（The strong man is the complete man），強者的哲學也就是美的哲學。

5・恢復唐以前形體美的標準

美學是哲學的一部分，美的生活是人類生活的一部分，審美的標準就是人類生活最高尚、最優美的一種理想。美學的重要，不但在它把人生的形態和社會的觀念哲學化、藝術化、文學化，而尤其在確立一種生活的理想，使人人於不知不覺中提高生活，一齊朝著這個理想走去。

形體美是美學中最普遍的觀念，也是最難表現的觀念。西洋形體美的表現方法，有雕刻、有圖畫、文學等等。在希臘時代，雕刻已經發達到登峰造極的地位，不但表現希臘民族美的典型，而且至今還令我們讚歎欣賞。中國的雕刻比較不發達。如雲崗龍門的造像，是不可多得的。至於古書存留的，歷經喪亂，也漸減少，最古的畫恐怕就要算晉朝顧愷之的了，但是也多憑後人的鑒定。因此我們要說明中國歷代形體美的標準，只有注重文學方面，尤其是詩歌方面。況且文學詩歌，實最足以代表某一個時代的心理和風尚。

中國民族的體格，本來是雄健優美的，不幸後來漸漸退化、漸漸頹唐。不要說我們的遠祖「穴居野處，茹毛飲血」戰勝自然的環境，開闢錦繡的河山，都是靠著偉大堅強的體格，就據有史以後的記載而言，湯高九尺，文王十尺，孔子九尺六寸，哪個不是堂堂正正魁梧威嚴的儀表？就說商周尺比現在的小，無論怎樣折算起來，也一定比今人高多了。

至於說到中國的文學，最早的要算《詩經》。《詩經》裡面，形容男女形體美的地方，非常之多。《詩經》裡面的標準男子，可以公叔段爲代表。他是怎樣的美呢？「碩人俁俁，公庭萬舞，有力如虎，執轡如組。」、「叔於田，乘乘馬，執轡如組，兩驂如舞；叔在藪，火烈具舉，襢裼暴虎，獻於公所，將叔無狃，戒其傷女。」這種力大身強、乘馬飛舞的男子，是當時公認爲最美的典型男子，所以大家對他的讚揚是「叔於田，巷無居人；豈無居人？不如叔也，洵美且仁！」我們要注意這最後一句，是明明的標出美字來的。

《詩經》裡面的標準女子，可推莊姜。她的美又是怎樣呢？「碩人其頎，衣錦褧衣；」、「碩人敖敖，說于農郊；」、「華彼穠矣，顏如桃李。」可見她不是嬌小玲瓏，也不是瘦弱柔靡，而是健偉豐滿、端莊流麗的。

《詩經》裡面的表情詩，描寫男女愛情想像中的人物是「有美一人，碩大且卷，寤寐無爲，中心悁悁。」、「有美一人，碩大且儼，寤寐無爲，輾轉伏枕。」這種抒情戀愛的詩章所表現的，也莫不是偉大壯嚴的姿態。

這種審美的觀念，直到漢朝，都是維持著的。漢武帝的李夫人，將要病死的時候，卻不要武帝去看她，原因是她不願武帝看見她的病容。漢之外戚，名將很多，如西漢的衛青、霍去病、李廣利等，東漢的竇憲等，都是橫征沙漠，威震殊方的勇士，則他們家庭遺傳的體魄，可想而見。

東漢的審美的標準，並未降低。《隴西行》中形容的女子是：「好婦出門迎，顏色正敷愉。」所謂「敷愉」正是豐潤和悅的象徵。漢末魏初也是一樣。曹子建的《洛神賦》中寄託的美人是「翩若驚鴻，宛若游龍、容曜秋菊，華茂春松。」驚鴻游龍是何等活潑！秋菊春松是何等飽滿！晉朝顧愷之所畫女史箴卷子裡的人物，也都充分表現著健康、碩大、莊重，甚至到了東晉南北朝，標準仍還未變。雲崗造象，是北魏偉大的遺物，表現當時形體的標準。「羊侃侍兒能走馬，李波小妹解彎刀」都是這時代女子的風尚。就是北齊亡國的君主所戀戀的女子，還是「傾城最在著戎衣」，而能與君王射獵一圍的女子。

唐朝是中國的鼎盛時代。那英明神武手創天下的唐高祖、唐太宗，其體格之雄健，不問可知。唐朝的標準美人，是文學上形容最多的楊太眞。白居易描寫楊太眞的美是「芙蓉如面柳如眉。」「環肥」之美是讚頌她身體豐滿的健美。「虢國夫人承主恩，平明騎馬入金門。」她的姊妹進宮是騎馬的，不是坐轎子，坐滑竿兒的。不但后妃貴戚如此，宮女也是一樣。王建的宮詞形容唐朝的宮庭生活最多。他就寫道：「射生宮女宿紅妝，把得新弓各自張。」這種尙武的精神，已成爲一時的風氣。一個國家在強盛興旺的時期，不但武功發達，就是民族的體格，也是沈雄壯健、堂皇高大，不是鬼鬼祟祟的樣子。

中國民族的衰落，可以說是從宋朝，尤其是從南宋起，特別看得出來。這在文學的表現中，最爲明顯。宋初的花蕊夫人說孟蜀的滅亡是「十四萬軍齊解甲，更無一個是男兒。」為什麼大軍的戰士，都不成其為男兒呢？

南唐二主的詞，更充分表現出當時精神的委靡與頹唐。李後主的名句是：「簾外雨潺潺，春意闌珊，羅衾不耐五更寒。」這種生活情趣，無怪他要「沈腰潘鬢消磨」了。所以他「最是倉皇辭廟日，教坊猶唱別離歌，垂淚對宮娥。」被擄辭廟的日子，不對祖宗牌位痛哭，而反對著宮娥垂淚，不能不佩服他的閒情逸致！

到了北宋徽欽二宗，徽宗字雖寫得秀勁，畫雖然畫得出色，但是他們體格不等到五國臨城的日子，已經是不行了。北宋晚年秦少游「有情芍藥含春淚，無力薔薇臥曉枝。」的女兒詩句，很可作為當時文人的寫照。

北宋如此，南宋尤甚。文學的作品中，充滿了頹廢的意味。當時詩人裡面，最不受時代空氣籠罩的，要推陸放翁。他說：「老子猶堪絕大漠，諸君何至泣新亭！」已經不免強作豪語。他是最熱烈愛國的人，但是他最後也成為「心如老驥常千里，身似春蠶已再眠；」終究是「關河歷歷功名晚，歲月悠悠老病侵。」至於宋代的女子呢？中國最偉大的女詞人李清照，對於女子的描寫，是「簾捲西風，人比黃花瘦。」過那聶勝瓊所形容的「枕前淚共階前雨，隔個窗兒滴到明」的生活。這眞是脆弱愁病到不堪設想的地步了！

元是外族，本性強悍，但是強悍的是元朝游牧人種，而不是中原人士，降及明朝，更是不成話說。楊升庵夫人形容的女子，是「眼重眉褪，膽顫心驚，粉香處弱態伶仃」的女子。是「柳腰肢剛一把」的女子。是「多病多愁，相思衣帶緩」的女子。至於到「倒金瓶鳳頭，捧瓊漿玉甌，蹙金蓮鳳頭，顫凌波玉鉤，整金釵鳳頭，露春尖玉手」的時候，這簡直是把自己雕琢成男子玩弄的工具了！標準女子是如此，標準的男子呢？她的形容就是「盈盈太瘦生！」

這種頹廢委靡的風尚，傳到明末，更是變本加厲。中國著名的詩史作家吳梅村，形容明末的臨淮將軍劉澤清說：「臨淮游俠起山東，帳下銀箏小隊紅，」又說：「縱爲房老腰支在，若論軍容粉黛工。」這正是所謂「不鬥身強鬥歌舞」的情形，還打什麼仗？「男兒作健酣杯酒，女子無愁發曼聲，」這樣的社會狀況，焉得而不亡國？

到了清初，更不必說了。《紅樓夢》是形容清初鼎盛時代的家庭生活的一部名著，它裡面的標準女子，是大家知道的林黛玉。她美到極頂的地方，就是吐綠痰，可憐肺病害到第三期，這美的標準也就完成了。到清末政治當局和文人的身體，正如梁任公所說：「皤皤老成，尸居餘氣，翩翩年少，弱不禁風。」難道大家能發現還有再好的形容嗎？

現在我們一般的體格之壞，眞足驚人！舉一個特殊的例子，東四省爲什麼這樣容易失掉？就是因爲當時的封疆大員，「不鬥身強鬥歌舞。」高級將領如此，所以聽說下面有一個旅長，每早洗臉，要用八盆臉水，因爲不但作種種修飾，還要擦雪花膏。以致師長不敢見旅長，旅長不敢見團長，團長不敢見營長，營長不敢見士兵。「羯豎竟教登玉座，儂家從此闕金甌」的局面是這樣造成的。

到九一八事變發生的時候，軍方統帥還在北平中和園看梅蘭芳的《宇宙鋒》，左右不敢通報，看完以後還去跳舞。這些事實是歷史家不會忘記，也不該忘記的。

清朝人詠吳王台的詩云：「台畔臥薪台上舞，可知同是不眠人。」是的，大家都是不睡覺的人，但人家不睡覺在生聚教訓，而我們不睡覺卻在跳舞呀！東四省怎得不丟！國家爲得不受重大的痛苦！

體格的衰落，自然反映爲精神的頹唐。唐朝的文學，氣勢是多麼旺盛！所謂

「文起八代之衰」，也是自有由來的。宋朝就差得遠了。當時能獨立不拔，不為時代的風氣所轉移的，恐怕只有首推陸放翁的詩和辛稼軒的詞罷了。後來中國人體格之所以衰弱，原因自然很多，如幾次異族的壓迫，和一千多年來八股的戕害，小腳的摧殘，都是其中最重大的。近百年還有鴉片煙啊！

體格衰弱了，精神就跟著墮落。我們現在要振作精神，就非恢復我們唐以前的體格不可，非恢復我們唐以前形體美的標準不可！

一個朝代的盛衰，和當局體格的強弱，很有關係。你如不信，就請你看看當年北平古物陳列所所影印的一部歷代帝王畫像。凡是開國的帝王，都是身材雄健、氣宇軒昂的看見一代一代的瘦弱下去，到了小白臉出現，那就是末代子孫了。

朝代的滅亡，也就在這個時候。漢高祖是標準龍顏，體格之好不必說；武帝的身體，當然不差。到了成帝就服慎䘏膏了。哀帝、平帝才都是羸弱的病鬼。東漢光武和明帝或是百戰出身，或是萬幾不倦。到了沖帝、質帝、桓帝、靈帝、獻帝都如孩提一般，焉得不受宦官的戲弄？焉得不使曹氏父子有取而代之之心？

唐高祖和太宗的體魄何等雄健，但到了懿宗、懷宗、昭宗便顯見衰頹。南唐二主不必說。

宋朝太祖、太宗都是武功過於文事的，到哲宗、徽宗、欽宗就不對了。至於南宋的理宗、度宗，都眞是可憐蟲！

元太祖、太宗都是開疆拓土的剛強鐵漢，到了泰定帝、文宗、順帝也和歷朝的帝王一樣，清秀柔弱起來，所以一舉而被明祖逐諸漠北。

明太祖是草莽英雄，成祖是親提大兵北伐的偉大人物。到了神宗、光宗、熹宗就墮落下去了。福王、唐王值得一說嗎？

清本游牧民族，天命天聰不必說，康熙幾次親率大軍，北征沙漠，如果身體不好，定難做到。但到同治、光緒，以至現在的亨利溥儀，個個都是委靡瘦弱的白面書生，清廷哪得不亡？王荊公普慨嘆的詠道：「霸主孤身取二江，子孫多以百城降。」假如他看見這本《歷代帝王畫像》，就可以在裡面得到最好的解答。

一朝君主體格的好壞，可以象徵一個朝代的隆替。難道整個民族身體的強弱，不可以象徵一個民族的盛衰？我們要恢復我們民族過去的光榮，首先要恢復我們民族在唐以前形體美的標準！

人家國力之強，是有來由的。我從前在德國大學的時候，常和德國學生在一起生活。有一次我看見他們在大學的地室裡，把啤酒瓶子在桌上一頓，就擊劍比武起來。其中一人猝不及防，把鼻尖削了下來，但他一點不慌，立刻把這鼻尖含在口裡，去找醫生縫起來。第二天他的鼻子蒙了白紗布，仍然照常到校聽課，毫無痛苦的表情。這眞是所謂古日耳曼（Ur-Germania）的精神！是尼不龍根（Nieblungen）古英雄詩中的氣概！

所以我常說，我情願看見青年們重披著樹葉子的衣服、明晃晃的刀槍騎著馬，彷彿像我們祖宗一樣的在森林原野中馳騁打獵，而不願看見他們頭上滑得倒蒼蠅，腳上穿著黑漆皮鞋，再加上一臉的雪花膏，面容慘白的在五光十色的霓虹光下跳舞鬼混！早送自己進墳墓，連帶的送民族到衰亡！

6・俠出於偉大的同情

我所謂俠，乃是「豪俠」、「任俠」之俠，我所謂「俠氣」，就是豪俠任俠之氣。中國歷史上向來認爲俠是一種美德，但同時也有一個錯誤的觀念，以爲俠是一般浪人，不務正業、專管閒事，爲人家報仇，打抱不平，甚至去作奸犯科。

韓非子就曾說過：「儒以文亂法，而俠以武犯禁。」認爲兩者都不對。可是我們要知道，這只是俠的流弊，這在社會沒有綱紀、政治不上軌道的時候才會發生的；這種俠只是一種所謂「遊俠」，然而俠不必就是「遊俠」。何況就在這種「遊俠」裡面，也未始沒有一種天地間的正氣存在。所以太史公作《史記》，特撰遊俠列傳一篇，並舉出朱家、郭解等人，來表揚他們特立獨行的地方，不是沒有道理的。

為什麼我提倡遊俠？建立一個主張，必須先考察我們民族的弱點，社會的病象，然後才能對症下藥，發生實效。現在中國的社會已經墮落到一個殘酷的社會，一個最缺少俠氣的社會。

中國人常講「惻隱之心」、「不忍人之心」，而事實上的表現卻正相反。我們可以從以下幾方面來看：

第一、是同情心的缺乏 中國人論交，有所謂「患難之交」：這是最可寶貴的，就因為講「患難之交」的人太少了。中國社會有一種最涼薄的現象，就是看見別人在患難之中，不但不表示同情，而反高興快樂。比方有人在街上跌了一跤，假如在英美各國，大家一定要搶著去把他扶起，甚至送他到醫院去，如果他跌傷的話。而在中國，大家看見了，往往還拍掌大笑。

民國二十四年我因事到重慶來，因為不認識路，從一個書店乘洋車回旅館，半路上洋車翻了。奇怪得很，因為重量偶然的平衡，我沒有向後翻出去，洋車夫也雙腳懸起來，於是人力車成了自動車，向一個很高的坡度開下去，開了二十幾丈。當時我看見前面有軍用卡車要撞來了，叫路旁的人把洋車拉住一把，但是沿路的人只有笑的，沒有拉的。

我還有一次在武漢輪渡上，看見一個人掉入水中，船上許多人不但沒有一個去救他，反滿不在乎似的以笑談之。我當年在歐洲的時候，知道有一次火車出事，開車的人因爲酒醉跌出去了，火車自動進行，無法停止，於是有一個大學生在前站的鐵橋上，奮不顧身的跳上車頭，將車閘住，自己一個手臂撞斷了，一車的人卻是救住了。這件事各報紙大載特載，封這位青年以英雄的徽號，眞是他應得的稱譽。這較之中國人在急難時看人冷眼的何如？衛生署一位負責當局告訴我一件事，說他親眼看見一個人病得快要死了，抬到重慶某個教會醫院門口，但是因爲找不到保人，付不出一個月的住院金，醫院不許他進去，他只有躺在醫院外面死去。這種見死不救的現象，在慈善性質的機關門口實現，是何等駭人聽聞的事！我還聽說有些當軍醫的人往往發財，這是何等的殘忍，何等沒有心肝！

前些時候，重慶臨江門外，一場大火，燒去四千餘家，若是在外國，這還得了，恐怕要全市動員來募款救濟了，但是此地卻也平平淡淡的過去！

最近，潘光旦先生介紹美國明恩溥所著《中國人的特性》一書，其中有一篇題名是〈無同情心的中國人〉，我看了非常難過；但，他所舉的都是事實，我也無法否認。

不但明恩溥的觀察如此，就是最恭維中國文化的羅素，著書時也提出中國人殘忍而缺少同情心這點。譬如死了人是人家一件最不幸的事，但是中國一家死了人，別人對於這件不幸的事是不同情的。

我初到法國的時候，在電車裡，看見同車的許多人，忽然都脫帽致敬，很以爲奇怪；原來是車旁有人家在出殯，這是表示對死者的同情。不要說普通人遇著出殯是如此表示，就是總統出來遇著出殯，也是脫帽的。中國人卻不然，看見死者親屬的「顏色之戚，哭泣之哀。」就是弔者也會大悅起來！鄉村人家甚至還希望別人家有人死，可以去喝酒吃肉，飽啖一頓；城市裡不是萬人空巷的去看大出喪嗎？

明恩溥特別舉出中國人對於殘疾的人，沒有同情。出過天花的人，到藥店去買藥，藥店的人常常要問他：「麻大哥！你是哪一個村子裡來的呀！」看見斜眼的人，便要說：「眼睛斜，心地歪。」來取笑他、挖苦他。普通以爲殘疾的人都是壞人，譬如「十個麻子九個壞」、「天怕六丁六甲，人怕斜眼蹩腳」這類尖刻無稽的話是很流行的。其實肢體略有損壞的人，哪裡就是壞人。如果其中有壞的，也大都是社會逼成的，因爲社會對他太歧視了，使他感覺人人都苛待他，他也自然不得不存心防範，或設法對付人了。再還有對於年幼孤弱的人，也是同樣的不加愛護。童養媳受虐待，是普遍的現象；打丫頭、虐奴婢更不必說了。所以同情心的缺乏，是現在中國社會最顯著的一種病態。

第二、是抱著事不干己的態度　因爲同情心的缺乏，於是形成一種普遍的社會心理，以爲事不干己，絕對不管，因而社會上無公是公非可言，也缺少急公好義之人。是非的觀念不但需要政治去培養，而且需要社會去扶植。有社會的獎勵和社會的制裁，然後才有公是公非產生。例子很多，不勝枚舉。

社會的進步，不但要有是非的標準，而且要有人肯自己犧牲，去維持這是非的標準。但中國傳統的哲學，只教人「窮則獨善其身，達則兼善天下。」須知達固且要兼善天下，窮也不應獨善其身，至少也要兼善其鄰吧。中國人受這種傳統哲學的毒太深了，人人都想獨善其身，所以，不但同情心不能發達，而且公是公非也無從樹立。

第三、是沒有犧牲奉獻的精神　因爲同情心的缺乏，所以犧牲精神也就墮落。俠者最好講「千里赴義」。假如沒有犧牲的精神，如何能去赴義？我們應該見義勇爲；「見義不爲無勇也」。是的，閒事不管，可以省多少麻煩。但正當的閒事，哪能不管，而且愈能多管愈好。

英美法律上規定的陪審制度（Jury system），不但鼓勵，而且逼迫人家管閒事。不過沒有犧牲精神的人，是不配管閒事的。若是自己不肯犧牲，不要說千里之義不能赴，就是隔壁人家出了事，也是不配問。

上海人家被盜時，絕不能喊「捉強盜」，而只能叫「起火」，因爲隔壁人家聽到「捉強盜」，必不敢出來，恐怕自己會吃虧，而聽到「起火」，因爲怕自己的屋子燒起來，也就不得不出來了。這些冷酷怯懦的事實，正是現在中國社會病象的表現。

這種病象，可說有兩個來源：第一是生活。在貧苦的社會裡，生存競爭非常激烈。「要解衣衣人，推食食人」是不可能的。漂母飯韓信，也要她自己有一飯才行。我們常常看見，有些貧苦的人爲爭一兩毛錢而打得頭破血流，甚至打出人命來。輪船將靠岸的時候，那些腳伕不等船靠妥，就搶著向船上亂跳，稍不當心，就撲通下水。他們自己的生活，尙且無法解決，哪裡談得上對人的同情？第二是思想。中國多少年來的教訓，是「明哲保身」，也就是俗語所謂「各人自掃門前雪，休管他人瓦上霜」。結果就是人人怕管閒事，怕惹禍上身。「路見不平，拔劍相助」的風氣，現在已淪落下去了。

其實世界上絕對的個人主義，也是行不通的，正如絕對的兼愛主義行不通一樣。你看見鄰居人家生了瘟疫，你如果袖手旁觀，就不免被傳染。尤其在現代的大社會裡，人與人息息相關，誰能過孤獨的生活？「窮則獨善其身」。哼！要想獨善哪裡是可能的事？

或者有人以爲上述的種種社會病態，說是由於生活的貧困還可以，說是由於思想的影響便不對。但我以爲思想的影響也是極大的。比方說上面所舉的一個例，藥店的人要稱呼出天花的人爲「痲大哥」，這難道也是生活使然嗎？思想與生活，要同時改進，社會的病態才能根本消除。

在世衰道微的時代，因爲同情心的缺乏、是非觀念的不明，赴難精神的低落，才往往使有心人不得已而提倡「遊俠」。太史公在遊俠列傳中，曾慨乎言之的說：「今遊俠其行雖不軌於正義，然其言必信，其行必果，已諾必誠，不愛其軀，赴士之困阸，既已存亡死生矣；而不矜其能，羞伐其德，蓋亦有足多者焉。」他又說：「緩急人之所時有也，而布衣之徒，設取予然諾，千里誦義，爲死不顧世，此亦有所長，非苟而口也。」所以「俠客之義，又曷可少哉！」他提出朱家、郭解，說朱家是「專趨人之急，甚己之私。」郭解是「以德報怨，厚施而薄望，既已振人之命，不矜其功。」

我上面說過，這種遊俠是社會不綱政治黑暗時代的產物；我們不一定要提倡遊俠，但這種俠氣是應該推廣的，並且要藉政治的力量來推廣的。不以私人的力量去報仇雪恨，而以政治力量作大規模的改良策進，才能把同情心推廣到「天下有飢之者，猶己飢之也，天下有溺者，猶己溺之也。」而使天下之人，都各得其所。

中國歷史上第一個大俠者，不是朱家，也不是郭解，而是墨翟。他不主張努力去行刺暗殺，去報仇打不平，而是從大規模的政治改革著眼的。

他說，「俠」有三個條件：

第一、大仁，第二、大義，第三、大勇。

怎樣才是大仁？他說：「仁人之事者：必務求興天下之利，除天下之大害。然當今之時，天下之害孰爲大？曰：大國之攻小國也，大家之亂小家也。強之劫弱，衆之暴寡，詐之謀愚，貴之傲賤，此天下之害也。又與人爲君者之不惠也，臣者之不忠也，父者之不慈也，子者之不孝也，此又天下之害也。又與今人之賤人，執其兵刃毒藥水火以交相虧賊，此又天下之害也。」（墨子如在，必稱侵略者爲賤人了！）他對於政治的主張，以爲「民有三患，飢者不得食，寒者不得衣，勞者不得息，三者民之巨患也。」「諸加費不加民利者，聖人弗爲。」這是充分的同情心的表現。他主張充實內部而不主張侵略人家，增加土地。所以他有「非外取地也」的主張。

有人以爲墨子既主張兼愛，一定也主張非戰，如管子就曾說：「兼愛之說勝，則士卒不戰。」其實不然。他是反對侵略的戰爭，並不反對自衛的戰爭——不但不反對，而且他幫助自衛的戰爭。楚欲攻宋，公輸般爲造雲梯，墨子聽到就往見公輸般。他「解帶爲城，以牒爲械」和公輸般鬥法，公輸般九次的攻城計畫，都被他破了。楚王要殺他，他說他有三百弟子已經在保衛宋國，殺了他也沒有用。楚王沒有辦法，只好軟化下來說：「善哉！吾請無攻宋矣！」

從這段史實，我們可以看出幾點：第一、墨子能赴人國家之難，協助自衛戰爭；第二、他有技術的能力，以協助他人；第三、墨家是有組織的團體，能作有紀律的行動。這些都是說明大仁的意義。

俠與義是相連。墨子雖主兼愛，但非濫愛，而主張以義爲衡。「墨者之法，殺人者刑……王雖爲之賜而令吏弗誅，腹䵍不可不行墨者之法。」這是呂氏春秋記腹䵍之語。腹氏是墨子學派的人，他的兒子殺人，秦王赦之，而腹氏自己主張殺之。可見以墨爲法，可無作奸犯科的流弊。這就是大義的表現。

不但如此，墨子不但提倡大仁大義，而且能以最大的犧牲精神去求其實現、求其貫徹。「摩頂放踵利大下爲之」這正是充分的犧牲精神，是「大勇」的表現。所以墨子的精神，是並具大仁、大義、大勇的精神，是俠的精神，也就是革命的精神。

中山先生說「革命是打抱不平」。他打抱不平的方法也和墨子一樣，不是爲私人報復的，更不是快意恩仇的，是要以大仁大義大勇的精神，去改革政治，解決民生的。沒有偉大同情心的人，就是沒有革命精神的人。他就不配從事政治，也就不配談革命！必定大家充分培養推廣這種偉大的同情，恢復中國民族固有的俠氣，政治才有改革的希望！

再進一步說到國際的形勢。像現在國際間強凌弱衆暴寡的情形，何曾不是俠氣淪喪的結果。阿比西尼亞亡了，哪國拔劍相助？捷克分割了，大家還慶幸一時的苟安。中國無辜受侵略了，哪國在自己被攻擊以前，爲正義人道來和我們並肩作戰？國際間的紊亂無秩序，都是喪失了俠者的精神之所致。

衆人所棄，我必守之。我們不可喪失自信了？我們要抱定俠者的精神，以整飭我們的內部，掃蕩我們的外寇。要是我們成功的話，我們還應當秉著這種精神，以奠定國際的新秩序！

7．榮譽與愛榮譽

我所提出的「榮譽」就是指英文的「honour」或德文的「Ehrlichkeit」。這兩個外國字，本都含有人格的意義，在中文方面，很難找到適當譯名，我現在譯作「榮譽」。

人生的目的不僅是爲生活，而且還需要榮譽的生存。榮譽是人格光輝的表現，也是整個人生不可分解的一部分。沒有榮譽心的人，就談不上人格；漆黑黯淡的過一世，這種生存有何意義？

西洋人很重視榮譽；他們把榮譽看得比生命還重要。假如你說某人無榮譽，他一定認爲這是對他最大的侮辱。爲了榮譽問題而實行決鬥，也是常見的事。這種決鬥辦法的對不對，是另一問題，但他們對於榮譽的尊重，卻不可小看。

美國人對於身兼樞密大臣的內閣閣員，稱作「The Right Honourable」。不是恭維他是最高貴的，而是恭維他是最榮譽的。

美國西點（West Point）陸軍軍官學校的校訓是三個字，就是「國家、責任、榮譽」（Country, Duty, Honour）這是他們在軍人精神教育上，對於榮譽的重視。歐美許多學校的考試，還有所謂「榮譽制度」（Honour system）。就是教員於出題以後，立刻退出教室，並不監考；他只在黑板上寫一個大字，就是「Honour」（榮譽）。於是學生懍然於榮譽的觀念，不敢作弊。萬一有人作弊，不但學校立刻把他開除，而且這個人從此不齒於同學間。（最近西點學生同時是全美冠軍足球隊隊員九十人，因考試抄襲而全體開除，任何人都不能挽回，這就是一例。四十九年九月九日補注。）

榮譽的觀念，在中國社會，卻不太發達了。爲喚起一般人對榮譽的認識和尊重起見，所以找特別提出這「榮譽與愛榮譽」的問題來討論。

說到榮譽，往往就要聯想到「名譽」。但是榮譽和名譽不同，榮譽不就是名譽。「名譽」在英文裡面是另一個字，即Reputation。名譽是外加的，而榮譽卻是內足的。更明白一點說，名譽只是外界的稱許，而榮譽則是內部發出來的光榮——也可說是光輝——與外界所加上的名譽相合而成的。

所以榮譽具有內心的價值，較名譽還要可貴。西洋雖有名譽爲第二生命的話，但榮譽卻簡直是第一生命，或是第一生命的一部分。不過，名譽和榮譽也有關聯。人是社會的動物，多少都需要外界的刺激、外界的承認，才格外能自發的向上，自覺的求進步：所以人大都是要名譽的。「三代以下，惟恐不好名，」好名譽不一定就是壞事。

蘇聯就常常採取以名譽來鼓勵人努力工作的方法。所以他選擇工作最努力的工人爲「工人英雄」；用這工人的名字去名工廠，去名制度。對於到北極探險的人，也常常加以「英雄」的徽號。這都是用名譽來鼓勵人奮發有爲的證據。這並沒有害，而且有益。

中國的老子曾經問過一句話：「名與身孰親？」我想許多西洋人的回答一定是「名親！」

榮譽不是名譽，更不是「虛榮」。「虛榮」在英文裡面是vanity，也可譯爲

「浮名」。

虛榮乃求他人一時之好尙，或是庸俗的稱頌，而即沾沾自喜，以爲滿足的。虛榮的表現，就是好炫耀、好誇大，藉此以博得他人對自己的稱讚。例如女子常歡喜穿華美鮮豔的衣服，以引人的注意；男子則好出風頭，往往做了一次什麼會的主席，便自以爲了不得，自以爲是這小世界裡的「小英雄」。這都是虛榮在作祟。

虛榮是從錯覺（**illusion**）來的。錯覺是虛榮的糧食，虛榮全靠他培養大的。所以錯覺一旦幻滅，虛榮也就隨之消散。榮譽則不然。但他不是優美的女性，是墮落的女性。男子何曾不好虛榮，不過女人較甚一點。普通女子都歡喜別人恭維她、捧她。如果男子要向女子求婚，最好多稱讚她幾聲「安琪兒」或是「天仙化人」，那她便很容易落到情網裡去了！這種虛榮，豈能和榮譽相提並論？

榮譽不但和「名譽」、「虛榮」不同，而且和「野心」不同。「野心」在英文爲**ambition**，他可說是一種男性的虛榮。男子大都好求自己政治的名譽、權力、地位、官階，以作個人自私的滿足。這種野心有時也能推動人去做有益的事，但動機仍是自私，所以很容易發生不良的結果。有些人野心一旦發作。便往往不問自己的能力如何，竟爲所欲爲，以求僥倖的成功。「小人行險以僥倖」，其結果鮮有不將自己的榮譽甚至身體埋葬於野心的灰燼之中。如果說野心是榮譽，那他只是墮落的榮譽。

至於所謂「門第」、「頭銜」、「豪富」，那是更說不上榮譽了。這些都可叫作「榮寵」，而絕不是「榮譽」。不過也有一種榮寵，是靠自己努力的成績換來的，不可一概厚非。譬如外國有些科學家，對於科學有重大貢獻，政府特賜他一個榮譽的頭銜，如德國大學教授得「政府樞密顧問」的頭銜一樣。這確是一種比較高貴的榮寵，雖然不是眞正的榮譽。

榮譽既不是名譽，又不是虛榮，更不是野心或榮寵，那麼眞正的榮譽，到底是什麼呢？

我以爲「眞正的榮譽」，必須具備以下幾個條件：

第一、必須能維持生命的莊嚴　「人必自侮而後人侮之。」有榮譽心的人，必定有不可侮的身體、不可侮的精神、不可侮的行爲——簡單說有不可侮的生命。他的生命是完整的，不容稍有玷污。所謂「白圭之玷，尙可磨也，斯言之玷，不可爲也！」他的理想的生命、是崇高、偉大、正直、堅強，所謂「仰之彌高，鑽之彌堅。」他的生命是高貴的、莊嚴的，所謂「赫赫師尹，民具爾瞻。」所以別人尊重他，而不敢輕視他；愛敬他，而不敢褻瀆他。

第二、必須能有所不為 有所不為，是人生最不容易做到的。「有所不為而後可以有為」，所以有榮譽心的人，對於標準以下的事，是絕對不幹的。至於那一切欺騙、狹小、鄙吝、偷懶，和其他種種「挖牆腳」的事，他更是不屑幹的。這正是孟子所謂：「非禮之禮，非義之義，大人弗為。」大人的對面是小人、是小丈夫、是賤丈夫。有榮譽心的人，是以「大人」自許的。

第三、必須是自足的，也是求諸自己的 外界的稱許，如係實至名歸，在所不辭；譬如以科學上大的貢獻而得諾貝爾獎金的人，若是他配得的話，當然可以安心接受，何用推卻？但凡事應該求諸自己，盡其在我，不必分心去獵取流俗的恭維。流俗的恭維，不但靠不住，而且在有榮譽心的人看來，反為一種侮辱。

名畫家的畫，並不在乎有多少外行人的讚美，而貴乎能得一個眞正內行人的來批評。所謂「千人之諾諾，不如一士之諤諤。」就是這個道理。即使內行的人也不稱許，自己仍可得到安慰。因爲自己的天才得到發揮，在自己的努力中，就有樂趣存在。

古今中外許多大藝術家，都是死後得名的。科學家也是如此。大科學家蓋白勒（Kepler）在他一部名著《Welthar monik》序上說道：「你的寬恕我引以自娛，你的忿怒我也忍受；此地我的骰子擲下來，我寫成這本書給人讀，是同時代的人讀或後代的人讀，我管他幹嘛？幾千年以後有人讀，我也可以等，上帝也等六千年以後才有人來臆度他的工作。」這種特立獨行的精神，也可說是一種孤寂的驕傲，但這絕不是驕傲。翻開一部科學史來看，古今多少科學家，在生前享國際大名的，除了牛頓和愛因斯坦以外，還有幾人呢？

造化弄人，奇怪得很，生前最不求虛名者，往往死後最能得名。如果自己對人類眞有貢獻，即使名不可得，又有何妨？世間眞正的價値，常埋藏在無名者之中，許多汲汲求名的人，實在可以休矣。

第四、必須自尊而能尊人　眞正有榮譽心的人，不但愛自己的榮譽，而且也愛他人的榮譽。榮譽不是傲慢，乃是自尊而能尊人。「子以國士待我，我亦以國士報之。」其實毀滅了他人的榮譽，自己的榮譽也就建設不起來。在侏儒國裡，就算自己是長子，又有什麼意思？要做長子就要到長子國裡去做，不要在侏儒國裡做！有榮譽心的人，一定能尊人、能下人。他承認人的能力，讚歎人的特長，尊敬人的善處。能適當的自尊，也能適當的低頭。上諂下驕的事，絕不在他的行動意識裡面。

總而言之，榮譽就是人格，是人格最光榮的完成！

愛榮譽乃是一種意志的傾向、行爲的動態，是要以忠誠純潔的行爲，去得到依於德性、合於美感的承認的。

德國的哲學家包爾森（**Friedrich Paulsen**）說：「我們不能想像沒有強烈的榮譽之愛，而偉大的事業可以表現。」社會的向上靠此，人類的改善靠此，歷史的轉變也靠此。

我們今日不但要提倡個人的榮譽心，和對於榮譽的強度的愛，而且要提倡集體的榮譽親念，集體的榮譽觀念，就是個人對團體的榮譽之愛。

譬如一個家庭，凡是家庭的各分子，都要努力保持一家的「家風」或「家聲」，不能做有辱門楣的事。又如一個商店，不肯賣壞東西，誠恐壞了他的牌子，也是出於愛護集體榮譽的觀念。再如一個學校，無論是教職員或學生，人人都應該知道學校榮譽的重要，不能隨便塌學校的臺。實驗室裡未成熟或不眞確的報告，不可輕易發表，因爲這對於個人的責任關係還小，對於整個學校的榮譽卻太大了。不獨以「長勝軍」或「鐵軍」著稱的軍隊，全部隊的長官和兵士，要愛惜他本部隊歷史之光榮；凡是「國軍」，誰不應該勇猛奮發，維護國家軍隊的光榮？

擴而大之，一個社會、一個民族、一個國家，要不沒落和毀滅，必須由構成它的分子，共同努力維持相增進它集體的榮譽！

人生是需要有榮譽的。不榮譽的人生、是黑漆漆的、無聲無臭的。有榮譽的人生是高貴向上的；無榮譽的人生，是卑污低下的。禽獸才只要生存，不要榮譽，也無榮譽的觀念。

人該是理智感情和品格發展到最高程度的動物；人不只要生存，而且要榮譽。榮譽也可說是人類的專有品。所以英國的詩人拜倫（Lord Byrom）有兩句詩道：「情願把光榮加冕在一天，不情願無聲無息的過一世！」

8・運動家的風度

從前文惠君讚美庖丁解牛的技術，庖丁回的話是，「臣之所好者，道也，進乎技矣。」這話可以解釋近代運動的精神。

提倡運動的人，以爲運動可以增進個人和民族體力的健康。是的，健康的體力，是一生努力成功的基礎；大家體力不發展，民族的生力也就衰落下去。

古代希臘人以爲「健全的心靈，寓於健全的身體。」這也是深刻的理論，身體不健康，心靈容易生病態。歷史上、傳記裡，和心理學中的例證太多了。

近代美國大學裡，認爲運動在競賽的時候，可以發展大家對自己學校的感情和忠心，培養團體內部的共同意識和生活。這理論已經是較爲狹小而次一等了。有比這更擴大一些的，就是都市與都市間的運動競賽，國家與國家間的運動競賽。自從十九世紀末葉以來，西洋復活希臘奧林匹克運動會的風氣，產生了多少國際運動會，也是爲此。

其實就從無所爲的眼光來看，從純美的觀點來看，於美景良辰，光天化日之下，多少健美的男女，表現他們發展得很充實的形體，經過訓練的姿勢，如龍躍天門、虎臥鳳閣似的飛揚炫耀於廣大熱烈的觀衆之前，也可以發生一種自然的美感。

這些都是對的，但是運動的精義，還不只如此。它更有道德的意義，就是在運動場上養成人生的正大態度，政治的光明修養，以陶鑄優良的民族性。這就是我所謂「運動家的風度」。

養成運動家的風度（sportsmanship），首先要認識「君子之爭」。「君子無所爭，必也射乎。揖讓而升，下而飲，其爭也君子。」這是何等光明，何等雍容。英文中fairplay這個字，最好恐怕只有譯作「君子之爭」。他的起源也是出於運動；但其含義則推用到一切立身處世、接物待人的方式。

運動是要守著一定的規律，在萬目睽睽的監視之下，從公開競爭而求得勝利的；所以一切不光明的態度，暗箭傷人的舉動，和背地裡佔小便宜的心理，都當排斥。犯規的行動，雖然可以因此得勝，且未被裁判者所覺察，然而這是有風度的運動家所引爲恥辱而不屑採取的。

當年我在美國普林斯頓大學研究讀書的時候，看過一次普林斯頓大學與耶魯大學盛大的足球賽。這是美國東部大學運動界的一件大事。雙方都是強勁的隊伍，勝敗爲全美所矚目。他們在基督教的國家裡，於比賽前一晚舉行「誓師」大典時有一次禱告，普林斯頓隊的禱告詞中有一句話：「我們祈求勝利，但是我們更祈求能夠保持清白的動作。」這句話當時我很受感動。

有風度的運動家，要有服輸的精神。「君子不怨天，不尤人。」運動家正是這種君子。按照正道做，輸了有何怨尤。我輸了只怪我自己不行；等我充實改進以後，下次再來過。人家勝了，是他本事好，我只有佩服他，罵他不但是無聊，而且是無恥。歐美先進國家的人民因爲受了運動場上的訓練，服輸的精神是很豐富的。

這種精神，當從體育的運動場上，帶進了政治的運動場上。譬如這次羅斯福與威爾基在競選時，雖然互相批評；但是選舉揭曉以後，羅斯福收到第一個賀電，就是威爾基發的。這賀電的大意是：我們的政策，公諸國民之前，現在國民選擇你的，我竭誠的賀你成功。（其實每屆選舉完畢，失敗者都是這樣做。而勝敗之間有無問題，也每以失敗方面的賀電爲結論。）這和網球結局以後，勝利者和失敗者隔網握手的精神一樣。威爾基失敗以後，還幫助羅斯福做種種外交活動，一切以國家爲前提；這也是値得讚許的。在中國的政治失敗者，則以爲「連老子都會失敗，大家瞎了眼睛。不請教我，天下事尙可有爲？」

有風度的運動家不但有服輸的精神，而且更有超越勝敗的心胸。來競爭當然要求勝利，來比賽當然想開記錄。但是有修養的運動家，必定要達到得失無動於衷的境地。「人人賽跑，只有一個第一。」這是保羅的話。記錄不過用以試驗人力可能到達的長度。不說歐文斯（Owens）十秒點三跑一百公尺的記錄，就是請希臘神話裡的英雄阿基里斯（Achilles）出來，他每小時經過的距離，能超過火車、汽車，或現在每小時飛行在四百英里以上的噴火式驅逐機嗎？可見人力是很有限度的，而我們所重，並不在此。運動所重，乃在運動的精神。「勝固欣然，敗亦可喜。」正是重要的運動精神之一。否則要變「倖倖然」的小人了！運動家當然明白運動是義務的表演；既知如此，還得拚命去幹，也是難能可貴的精神。

有風度的運動家是「言必信，行必果」的人。運動會要舉行宣誓，意即在此。臨陣脫逃、半途而廢，都不是運動家所應有的。「任重而道遠」和「貫徹始終」的精神，應由運動家表現。所以賽跑落後，無希望得獎，還要努力的跑到的人，乃是有毅力的人。大家鼓勵之不暇，絕不能有中國運動場上習見的「喝倒彩」。

「橘移淮北化爲枳」，許多西洋東西到中國來會變質，運動也是不例外。運動風氣在中國開始不過三、四十年，較盛不過近十幾年，這種風氣對於青年的健康與體力，很有幫助，只可惜他還沒有超過學校青年的範圍。但是運動的精神，在中國不只沒有發達，且常不被了解，甚至於被誤解。

比球的時候，看準對方的健將，設法將其先行踢傷，再圖一逞。輸了以後不服輸，說是評判員不公，乃蜂擁毆打，這種事實雖逐漸減少，也時不絕聞。

我記得民國初年上海有某某兩大學因比球而成了「世仇」。其中有一位校長是講國學的老先生，修養很好；只當比球的時候，火氣特盛，本校球隊在他處開始比賽的時候，他就拿一張椅子，坐在電話旁邊，（那時候還沒有辦公桌上的話機），派人在球場附近不斷的用電話來報告。電話裡說是勝了一球，他獨自笑不可仰；說是輸了一球，他就痛哭流涕。兩校學生都於開賽以前，各自身邊藏著「嗚呼某校」的小旗；對方一經失敗，就把這小旗抽出來狂叫；己方失敗，則垂頭喪氣，仍然暗地裡帶著這不爭氣的小旗歸來。若是對方來本校比賽失敗後，則以爆竹和軍樂隊諷刺似的送他們出去。若是對方勝了，則送以憤恨嫉妒的嘶聲。雙方都如此，沒有例外。運動演變至此，運動的精神掃地已盡了。

運動職業化的風氣，在歐美也有，教育家常加批評，引爲深戒。這風氣在美國較盛。如棒球好手巴伯・魯斯（Babe Ruth）竟成爲全國一個大人物（big man）。大學裡的棒球教師薪水之大，超過任何教授；這薪水往往是由入場券收入或畢業同學會捐款支付的。

這種在西洋正待糾正的現象，卻很容易的傳染到中國來。以前有過學校長期豢養幾個球員。這就是最初的「選手制」。球員在飯廳裡有特別的餐桌和飯菜。有一個「運動家」接連留了六次，不會照章開除，因他能「爲校爭光」！後來這位留級六次的「運動家」，淪落到在上海跑馬廳做馬師，騎馬供人做香檳賭博。這是必然的結果。這不但喪失了運動的意義，並且喪失了整個的教育意義，這與西班牙鬥牛有何分別？

試問這種的風氣和訓練，帶到政治社會裡來，是什麼影響，我不說中國政治社會裡暗中傾軋、憤恨嫉妒的現象，是這萌芽時期的運動所造成的，這是很不公平的話。我們更不可因噎廢食。我舉出這些不幸的例子，是希望大家一同來糾正錯誤的觀念，積極的從運動場上來培養民族的政治道德！

國難發生以後，有些人或是從「國粹」的觀點上，或是從「經濟」的觀點上，反對近代式的運動，盡力提倡「國術」。現在學校裡的運動，太費錢了、太貴族化了，不如打打拳吧！這類的話常常聽見，但是我不敢贊同。何則，因爲中國的拳術，根本與近代運動的精神相違反，與國家要走上的近代化道路相背馳。我承認中國拳術可以鍛鍊身體，很有用處。年齡較大或身體稍弱的人不能做劇烈運動，打一套太極拳，活動活動筋骨和血脈，很可增進健康，自然無所用其反對。若是要把拳術提倡得成爲國民普遍體育訓練，就有問題，因爲他是缺少群性的，他是個人的運動。至多不過打「對子」，玩「推手」。

我幼年看過不少的技擊小說，知道許多「江湖大俠」之所以取勝，全在於「暗算」。打擂臺的時候，常是乘人不備，一個「飛腳」，踢碎了對方的護心鏡，又是兩腳，結束了對方的性命。外國的拳師打擂台，也是野蠻的舉動，我斷不贊成。但是人家把對方打倒以後，就應立即停止，讓裁判者連數十下，到第十下還爬不起來的時候，就算輸了。斷無打倒以後，還在小肚子上加踢一腳之理。

中國技擊小說上，據我所記得，恐怕只有一個人還有點運動家的風度，這就是施公案裡的白面猨猊甘亮。甘亮金鏢的技術好極了，百發百中，所以他鏢上有三個小鈴，刻上自己的名字，表示我打你一鏢，還讓你先知道。做小說的人也很提倡他，說他這光明的態度，使他後來成爲地仙。

至於所謂「內功」、「柔道」的拳術呢？除了它練氣等等神祕的一套不說，它的基本精神是陰柔。它給你的基本觀念，就是如何趨避、如何取巧，不要你有攻擊精神，而教你如何使對方的力量落空。它也有一套理論，近似黃老哲學；但是請問這種理論，適合於養成剛強進取的群性青年嗎？

還有一層，中國技擊的精神，是與近代建軍運動不相合的。近代化的軍隊，要相信科學武器的能力，要注重各方面配合協調的運動，哪有教人獨自盤旋作勢之理。自從喜峰口黑夜摸營的動作，有些斬獲以後，於是許多鼓詞式的作家，拚命提倡大刀隊，彷彿大刀隊可以打飛機、當大砲。流風所及，火車站上也常常看見有人拿了大刀在飛舞。這風氣帶不少的危險性，可使許多人回到「鐵布衫」、「義和拳」的觀念上去。

這幾年對敵抗戰的血的教訓，我想應當把這種反時代的觀念打破了吧！有次我們在重慶商量夏令營課程，陳辭修將軍把「國術」一項勾去。當時他說：「國家要建軍，這個科目的性質是與他不相容的。」我認爲這是合於近代的精神的話。

我不說西洋各項運動都是好的，都可以採取的。絕不是。如打「洋擂台」的辦法，我就認爲野蠻。我以爲西洋運動在中國最應當提倡的，就是英國式的足球，也就是在中國已經流行的足球。它的好處很多，最重要的是它最講究協調動作而富有群性。每一邊十一人，各有崗位，但是動作起來，卻成爲不可分解的整個；成功是全體的成功，失敗是全體的失敗。不然，守球門的人眞冤極了。攻進敵人球門時是前鋒出風頭，與他無涉；自己球門被攻進，他卻要負責任。世界上哪有這冤的事！不知最好的前鋒，也不是自己把球盤了不放，一直打進敵人球門的。最好的球員，要善於傳遞，不惜讓人家攻進去。這是「成功不必自我」的精神，這也是最可貴的運動家的風度！

各國政府與教育家努力提倡運動，不是無意義的。他們要在運動場上增強民族體魄、提高國民道德、陶鑄健全的民族性。因爲運動場是一個自動的教育場所。它能使人於不知不覺之中，把整個的肉體和靈魂貢獻出來，接受教育的洗禮。「它不但補充，而且擴大近代的教育。」

主張運動的理由，除了前面所說到的而外，還有許多。運動可以培養冒險精神，鼓鑄熱烈的感情，解放剩餘的精力，而同時代替了不良的嗜慾，這也都是對的。但是從人生哲學看來，運動家的風度，才是運動由技而進的道。

運動家的風度表現在人生上，是一個莊嚴公正協調進取的人生。有運動家風度的人，寧可有光明的失敗，也絕不要不榮譽的成功！

9・悲觀與樂觀

我們對於宇宙、對於人生，都應有一整個的認識，根本的態度。這種認識和態度，就是我們一切行爲的標準和指南。否則今天一件事可以使你悲傷失望到自殺，明天一件事可以使你快樂得意到發狂，天天生活都在震盪不定之中。何況我們現在正處於一個悲喜交集的時代，如果對於人生無正確的認識，而又不幸帶上顏色眼鏡，則更易釀成生命的大危機。德國哲學家常在講宇宙觀之後，就按著講人生觀，實在很有道理。

悲觀與樂觀，都是個人的感覺，是隨時可以發生的。尤其一個人在困苦艱難的時候，更容易引起這種疑問；我活在世上，究竟有什麼意義？仰望天空，天空是佈滿了無數的星辰；據天文學家猜測，在某些行星上，也許還有生物存在。這一個小星球中的一種生物的一分子，眞是「渺乎小矣」。這生命值得活嗎？況且人生一世，不過數十寒暑，生老病死，無非痛苦煩惱。生命太無常了，何必奮鬥，自討苦吃？這種情緒不見得會天天有，但如假定有了，而無法解決這生命之謎，危險也隨著發生了。

悲觀和樂觀，本來都起於個人的感覺，而且常是偏重主觀的感覺；可是它對於發生這感覺的人，卻具有支配的力量。若是再把它演化爲一種學理，那就更不限於感覺的範圍，而成爲一個理智上的問題了。我現在就想從理智上來討論悲觀主義和樂觀主義兩派學說。

在西洋思想史上，「悲觀主義」有三大派別。

第一、是享樂派 希臘德謨克利圖斯（Democritus）他所提倡原子論（atomism），謂宇宙是無數的原子組合而成，稍後伊比鳩魯（Epicurus）即根據這種原子的唯物論，否認宇宙有所謂目的和道德，認爲快樂就是善，痛苦就是惡。人生應該充分享受，充分求樂，不必奮鬥，不必勞苦。「且以喜樂，且以永日，我躬不閱，遑恤我後！」這正是爲享樂派說法。

而中國魏晉六朝的清談派，對於人生也有同樣的態度。這一派理論的錯誤，在認爲苦樂可以比較。要求得苦樂多寡的比較，還須求之於計算；但是苦樂的計算，是不可能的。

我們能不能模仿商店，開一個資產負債表，把快樂和痛苦分項記入作一平衡？第一個困難，是快樂和痛苦，用什麼單位來比較？假如我昨晚睡得好，是快樂，應作幾個單位？假如失眠，便是痛苦，又應作幾個單位？這種單位固不能定，而這種單位計算法更不適於人生。

第二個困難，是快樂和痛苦，常繫於個人的態度。有人以受恭維爲得意，有人則安貧樂道，以不爲流俗所稱許自豪。寂寞中的驕傲，自有高人領略其滋味。這兩種人何從比起？（黃仲則「千家笑語漏遲遲，憂患潛從物外知，悄立市橋人不識，一星如月看多時。」一詩，頗足表示寂寞中驕傲的情緒。）還有，這派學說往往以爲快樂是消極的、是負面的，就是「脫離痛苦」（freedom from pain）那痛苦便是積極的、是正面的。如此則在快樂這一個項目中，更無賬可記了。快樂和痛苦，既然都是感覺，爲什麼一種是假的，而另一種是眞的？可見這一派理論經不起批評的地方太多了。

第二、是意志派　十九世紀的德國哲學家叔本華（Schopenhauer），就是此派的主要人物。叔本華認爲宇宙和人生的一切行動，背後都有個意志在支配。他逼迫人無目的地活動，無目的地前進。人不是自己要生活，而是意志逼你不得不生活。但意志無滿足之時；縱然滿足，也只是一時的，轉瞬即歸消滅。生命全體是盲目的、空虛的，是爲不可挽回的失敗而奮鬥。所以人生是充滿了失望、無聊和苦惱。要解脫人生的苦惱，只有兩種方法：一是從藝術中來求消散，來求寄託；一是他認爲最根本的方法，就是爲逃脫意志的逼迫而人於「涅槃」。

這種學說的錯誤，在以生命爲另一目的（意志）的機能，而不知意志乃是生命的機能；他是附麗生命而共存共榮的，不是藏在生命後面來盲目鞭策。這是我主張的意志說，與叔本華的意志說根本不同之點。他認爲生命是意志的手段，不是目的的，殊不知生命本身就是目的。生命看來似永久爲一過程，然而它的目的就不斷的在這過程中實現。譬如遊山，不必說一定到了某個寺廟、某個古蹟、才算遊山，善於遊山的人，走一段就可欣賞一段的風景。他遊山的目的，就在這整個旅程之中。他隨時有親切的樂趣、充分的滿足，這些對他何曾不眞，又何所用其悲觀失望？

叔本華的學說頗受他自己生活的影響。他一生很不得意，常發牢騷。他認爲社會對人的待遇，太不公道。他不結婚，所以老年孤獨，無人照顧，以至於恨女人。他只看到人生的一部分，而沒有看到人生的全部。他只看到影子的方面，而沒有看到燈光的方面。所以發出那樣失望悲觀的論調。須知天地間固然有冰雹霜雪，但也有雨露春陽。

第三、是歷史派　此派以爲社會的進化，是善惡並長，而惡過於善。最初猶太人就有這種觀念，以爲文明愈進步，道德愈淪喪，人類是逐漸墮落的，所以原始的快樂也逐漸喪失。盧梭主張「回到自然」（return to nature）。以爲古代才是黃金時代，從古代演化到現代，是從黃金時代墜入黑暗時代。人是從伊甸園裡掉下來的，所以日日翹首企足，禱告要求回去。

考察這派的悲觀思想，由以下四個論點出發。

1．他以爲進化愈趨複雜，則人性對於痛苦的感覺愈靈敏。因爲慾望愈多，則愁苦也愈多，失望也愈多，所以生命愈發展，痛苦愈增加；但不知生命發展的結果，慾望固愈增，同時滿足慾望的方法和能力也愈增，因爲快樂也愈增。快樂是隨工作及其結果而俱來的。尤其痛苦以後的快樂，更是莫大的快樂。

英國詩人德萊敦（Dryden）說：「甜蜜是痛苦以後的快樂。」（Sweet is pleasure after pain）這句詩很有深長的意味。許多艱苦出身的名人歡喜寫自傳，有一種心理是因爲他們經過奮鬥的痛苦以後痛苦忘了，痛苦後的快樂仍然存在。在生命的歷程中，即使不能證明快樂多於痛苦，但誰能證明痛苦多於快樂？

2．以爲智慧愈發展，則對於將來的認識愈透徹。人和一般動物不同，一般動物的痛苦，是一時的，而人的痛苦卻是永久的。人是有遠見的，一到中年時代，更常常想到生老病死，而對於將來起一種恐懼。「前不見古人，後不見來者，念天地之悠悠，獨愴然而涕下！」這種身世飄零之感，是會不期然而然發生的。

不過智慧發展的結果，雖然因想望將來而恐懼愈多，但希望也同時愈增。希望給人以一種預期的快樂。人對於恐懼感覺的靈敏，遠不如對於希望感覺的靈敏，所以快樂仍然是有的。況且縱有痛苦，也能以文學藝術種種方式表現出來，因此減去

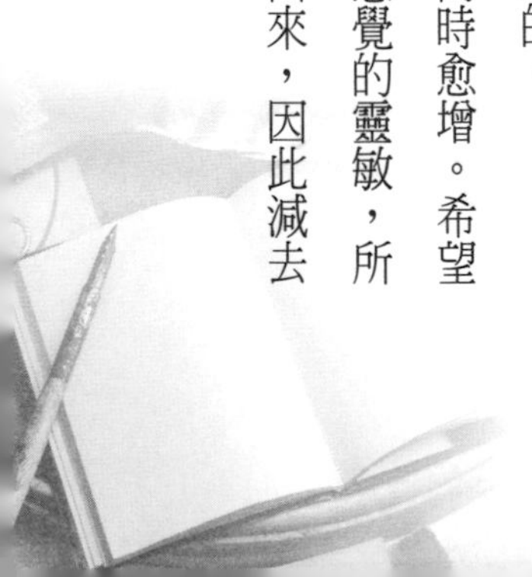

不少。

3．以爲人除現實的生命之外，還有理想的生命；除現實的痛苦以外，還有理想生命的痛苦。而且追求理想生命的痛苦，尤較現實生命的痛苦爲大。理想愈高，挫折愈多。事業的打擊、愛情的失望，能不使人痛苦？但不知理想之中，也有很大的樂趣存在。

人類最高的發展，哪件不是從對於理想的追求而來？只有不隨俗浮沉、追求理想實現的人，才能完成偉大的事業，也才能感到別人所感不到的樂趣。

理想實現時，倘能得到別人的承認，固可增加自己的快樂，即使別人忽略或竟認爲不值一顧，然而我自己的自尊之心，也足以醫治自己的痛苦。

4．以爲生命愈擴大，則受創痕的機會也愈多。同時因同情心的發展，使別人的痛苦，成爲自己的痛苦。因此自己所感受的痛苦也愈增加。但是同情雖能予人以痛苦，卻也予人以快樂。自己的痛苦可因別人的分擔而減，自己的快樂也可因別人的分擔而增。

所以德國有句諺語：「分擔的痛苦是一半的痛苦，分擔的快樂卻是雙倍的快樂。」（Geteilter Schmerz is thalber Schmerz, geteilte Freude ist doppelte Freude.）隨著社會文明的增進，痛苦雖可以加強，但快樂也可以加強。由此可見以上四個論點，雖似言之成理，但皆見一體而未見全身。

總而言之，社會的文明愈進步，苦樂的強度也愈增加。悲觀主義者不能證明痛苦一定多。他至少也曾嘗過橄欖的滋味吧！況以常識判斷，有許多痛苦，確是文明可以征服的。

譬如近代的醫藥科學及生產技能，都能減少人生的痛苦，而增加人生的幸福。文明的痛苦，需要更進步的文明去治療。而且進一步說，悲觀是表現生活的疲乏、鬆弛和退卻；悲觀到最高的頂點，就是「涅槃」。但「涅盤」能解脫痛苦嗎？不能！「涅槃」仍舊是一種死境，它不過是死的別名。

再進一步說，我們有現成豐富的自然產物和人力創造，供我們享受；有美麗雄壯的詩歌音樂，供我們娛樂；有偉大生動的雕刻繪畫，供我們欣賞；有無數哲人傑上用心血孕育出來的偉大思想、優美的文化，供我們「取之不盡，用之不竭」，我們還有什麼可以悲觀？我們自己如不努力發展生命，繼續創造，配不配談悲觀？

樂觀主義和悲觀主義不同；它給人以和悅、快樂、向上的情緒，確比悲觀主義好得多了。不過樂觀主義也須有正確的信念做基礎，才沒有流弊。我雖然贊成樂觀，但不贊成盲目的樂觀。

在西洋思想史上，「樂觀主義」也可以分為三派：

第一、是宗教的樂觀派　西洋宗教是比較抱樂觀態度的。其根本觀念，是以為宇宙有一個全美全能的主宰。人生下來本有罪惡，但只要贖罪以後，就可達到最完善的境界。

「原始罪惡」（original sin）的觀念，本始自希伯來人。贖罪的觀念，對於軟弱靈魂、有愧的良心，是一種安慰，一種希望。但把理智來省察，卻難自圓其說。假定世界為全善全能的主宰所創造，祂既為全善，又何為造惡？既然有惡，則全善之說，何能成立？既為全能，為何不能把惡去掉？如謂惡是安排好了來磨練人的，意在使人去惡為善，但何不痛痛快快將惡去掉，又何必繞一大圈子，來和人開玩笑？至於「原始罪惡」之說，尤使人生一種恐怖和抱怨祖宗的心理。

我們很難了解小孩生下來有什麼罪惡？如果說這罪惡是從亞當夏娃偷吃一個蘋果傳下來的，那也太殘酷了。難道父母是犯人，子子孫孫都是犯人？這眞是一種可怕的罪惡遺傳論。

鼓勵有罪的人懺悔，本是一種很好的意思，佛家「放下屠刀，立地成佛」之說，也是鼓勵人家改過。但是絕不能把宗教的懺悔，看作一步登天的捷徑。歐洲中古時代僧侶藉此斂錢的事很多。中國社會裡一面念經，一面作惡的事，大家睜開眼睛就看見。中國不少軍閥在位時殺人放火，一下野就長齋禮佛，等到有機會上臺還是照舊的殺人放火。

這都是仗著宗教的懺悔，爲恣意作惡的保證。爲求人類沈著的進步，不必有事前的恐怖，也不必存容易的樂觀。

第二、是理性主義的樂觀派　這派以爲世界是合理的，甚至於是理性的構成。因爲惡是不合理的，所以不承認惡的存在，所以惡是不眞的（not real）。這種觀念，推論下去，眞是危險。惡如不眞，何必還要和惡奮鬥？「無的放矢」，豈非多事？把惡看得太輕，便是鬆懈自己。惡的眞與不眞，應依客觀的情態來決定。

自然界中善與惡都是實在有的。風調雨順，國泰民安，固然是眞，但是洪水猛獸，狂風暴雨，又何嘗不眞？我們不必否認惡的存在，我們應該將惡征服。人的努力，就在於此。惡是完美人生的阻礙，但人類一切的工作、一切的文明，都由於征服這些阻礙。若是田中自有收成，樹林自有果實。就用不著農藝園藝的工作；若是氣候絕對宜人，就用不著各種起居的設備；若是樹上會長衣帽鞋襪用具，就用不著工商業。遍地都是鮮花，滿溪流著牛奶，海水變爲檸檬露，只不過是帶詩意的幻想。因爲惡的存在，使我們成就了許多事業。

人類不但能將惡征服，而且能轉惡爲善。水可以氾濫，也可以灌溉，只看轉變的力量如何。我們需要阻力，我們接受障礙；沒有無阻力的成功，沒有無障礙的快樂。我們不敢說整個世界是理性的構造，我們卻可以希望從我們的努力，可以把世界改造得更爲接近理性。

第三、是生物進化論的樂觀派　這派還是代表初期進化論的樂觀論調，也可以說是幼稚觀念。他以爲算起總賬來世界是進化的，於是在邏輯上跳了一大跳，以爲算起總賬來世界總是進步的。他把進化論與進步論兩個觀念混淆了。進化只是變，變好變壞是不一定的，所以進化絕不等於進步。

當黃金時代在遠古的觀念，盛行於西洋的時候，進步的觀念自屬薄弱。

到了十七、十八世紀之間，義大利人魏柯（Vico）以歷史哲學證明世界進步；十八世紀初葉法人聖比耶（Abbe de Saint-Pierae）認為進步是眞實的；德國哲學家赫爾德（Herder）居然從歷史和文學方面，規定了「進步的定律」。但是這些大都還是富於浪漫式熱忱的期望。

到了達爾文的進化論成立以後，思想界為之震動，於是進化論的範圍，擴大到生物科學以外，連天體星辰的進化，也講起來了。從進化的跡象之中，發現了許多進步的事實；當時的人又震懾自然科學和工業文明的進步，於是不知不覺之中，常把進化與進步混為一談，成為維多利亞時代的樂觀主義。這種樂觀的進步觀念，曾經給予近代文明以不少的鼓勵；只是把他當作盲目接受的教條，把進步認為必然的現象，那就大大不安。這不但不能使人奮發，而且可以使人懶惰。

須知世界上進步的現象固有，退步的現象也有。生物的種類有發展的，也有消滅的；人類的種族，有繼續繁盛的，也有只餘遺蹟，供他人憑弔的；中道崩殂的文化與文明，不知道有多少。就是現在存在著的人類其文化與文明，若是不用智慧去指導他的方向，而恣意摧毀，或是停滯不前，也終久免不了被時間捲去的劫運。況且，按邏輯的道理來講，進步是必須先假定一個目標，朝著他前進，那進步這個名詞的意義，才能成立。否則譬如循著一個鐵環在轉圈子，從這方看是進步，從那方看是退步。又譬如養豬，將一個豬種改良，可以把三、四百斤一頭的豬養到七、八百斤；在研究畜牧的人看來，肥豬可以多供給肉量，是進步了；若是豬而有知，能夠說話的話，他能同意嗎？進步必先有定向（direction），這是邏輯的先假，這道理十分明顯。

還有進化論裡的「適應」二字，也常被濫用而易起誤會。適應不只是被動的，最高生物——人類——的適應，是自動的、是積極的、是帶創造性的，「適應」絕不是將就。我們接受環境的現實，但是絕不陷沒在環境裡面；最能適應的人是最能改造環境的人。「隨遇而安」是缺少創造精神的生活。

根據以上對於「悲觀與樂觀」兩大壁壘的討論和批評，我們正確的人生態度，可以決定了。

我們用不著悲觀，因爲除了毀滅自己的生命而外，悲觀毫無是處。我們要樂觀才能提得起我們做人的興致，但是我們絕不能存過分的、盲目的樂觀，因爲它可以造成人生的倚賴性和惰性。世界上同時有可悲可樂的事實，我們不必否認。我們的悲要當作慈悲的悲，要以「悲天憫人」的情緒，去積極奮鬥，拯救人類的痛苦；我們的樂要認爲是「樂以忘憂」的樂，從樂裡去解除工作的疲乏和苦悶，去求得精神的安慰和振作。「苦中作樂」不是一件壞事。要面帶笑容上火線的戰士，才能打勝仗。（三十一年一月六日中央社記者長沙來電，謂於長沙最危急之時，記者在街上見守城士卒，當休息的機會，還弄絲竹。他們有這種的精神，所以能奏第三次的湘北大捷。）

不但前方應當如此，當長期抗戰、生活困難的期間，後方更應當如此。終日愁眉不展、怨天尤人的人，不但不能幫助國家打勝仗，反而頹廢精神，沮喪士氣。爲了不做奴隸而犧牲，就是喝碗稀飯也應當快快活活的喝下去。

我所主張的是不斷的、積極的、原動的改造主義（創譯一個英文名詞是 dynamic reconstructionism）。我們不能抹煞歷史、抹煞環境，這在宇宙的系統裡都是眞實的。人類生命的系統，在宇宙的系統裡也是同樣眞實的。但是這個生命的系統，與其他宇宙間的系統，有一點不同的地方——這是生命的特性——就是他有智慧去指導他的命運，有意志去貫徹他的主張，有生力去推動他的工作。他和爐火一樣，就把他放在壁爐裡，他也可以吸收滿屋的養氣，以發揮他的火焰，增加他的熱度，使四座生溫。他可以吸收宇宙的生機，增加自己的生機；吸收宇宙的生命，擴大自己的生命。所以他接受現實而不爲現實所囿。他認識理想，但是他知道理想是不斷推進的，所以他不斷的動，不斷的向前。他不失望，他不怨恨。他不但勇敢地接受生命，而且快樂地創造生命。他把古往今來、四方八面的原料，運用他的生力，沈著地來改造這生命，更接近於他的理想。

十世紀波斯詩人歐瑪開顏（Omar Khayyam）有一節名詩，我冠以「心願」的題目，翻譯在後面：

「要是我能同你，
愛呵，祕密的，
和造化小兒定計；
抓住這苦惱的宇宙安排，
一把搦得粉碎！
可能依咱倆的鋪排，
重造得更稱我們的心意！」

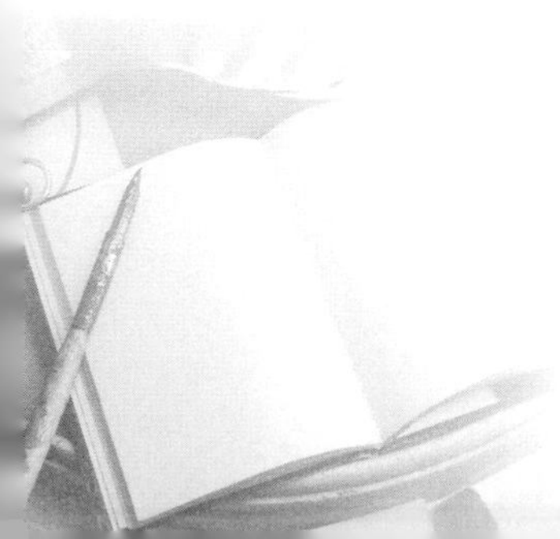

10・扭開命定論與機械論的鎖鍊

人生是自由的還是機械的？是自主的還是被動的？這是人生哲學裡一個很基本的問題？它和道德的責任有密切的關係。

你如果說人生是機械的、是被動的，那麼人的責任從何而生？既然人生原不自由，他還應該負什麼責任？機械是不自由的，所以機械本身就沒有責任。風雨儀能預告陰晴，避免危險，是航行上所不可缺少的機器；但是它一旦壞了，你能責備它，說它不負責任嗎？

你如果說人生是自由的、是自主的，那麼人生下來，能絕對的自由嗎？我們知道任何人一生下來，除受物質環境的限制外，還要受人事關係的種種限制。即如他所在的家庭、學校、社會、國家，都能影響他、支配他、約束他，他哪能有絕對的自由？

大而言之，宇宙也沒有所謂「無法律的自由」（lawless freedom）；不然的話，行星都要互撞起來了，還談什麼人生？

說人生無自由，則人生就不應負責；說人生有自由，則絕對的自由又不可得。這究竟是怎麼回事？我們能否有合理的解答，來作人生的標準？

從思想史上看，歷來就有兩種對人生不同的看法。

一種是命定論（determinism），謂宇宙和人生都預先有一定的安排，不是人的意志力量所能支配的。這種情形，無論你怎樣形容——你說是「神」也好，說是「自然」也好，就說是「機械的自動」也好——人總是被決定了的，是沒有自由意志的。

另一種是「自由意志論」（free will）。如哲學家康德就承認現象的世界（phenomenal world）裡，沒有自由意志，但是他又捨不得他珍重的道德責任，不讓它無處安放，於是想出了一個超越自然的世界（supernatural world），其中安居了絕對自由意志。在這超越自然的世界裡，人的自由意志與上帝的合而爲一，這就是道德的先天必然性。

普遍所謂命定論起源甚早。初民時代就有占星學（astrology），主張人生是受神的主宰；神有絕對的權力，要人怎樣就得怎樣。這也可稱爲「神定論」，或是「運定論」（fatalism）。我們在兒時常聽到老年人說，天上的星都是代表人的，每人有一顆星，星暗則人倒楣，星墜則人死。大星落於五丈原頭，於是諸葛亮歸天了。人像棋子，神就是下棋的人，只能聽祂擺佈。

這種觀念在中國魏晉六朝時代，頗爲盛行。列子是表現這時代思想的一部書，其力命篇有一段道：「可以出而生，可以死而死，天福也。可以生而不生，天罰也。可以死而不死，天罰也。……然則生生死死，非物非我，皆命也。智之無可奈何。」此處所謂天就是神，也就是命。

在同一篇裡，還有一段很有趣的文章，就是「力」和「命」兩位的對話：「力謂命曰：『若之功奚若我哉？』命曰：『汝奚功於物而欲比朕？』力曰：『壽夭窮達，貴賤貧富，我力之所能也。』命曰：『彭祖之智不出堯舜之上而壽八百，顏淵之才不出眾人之下而壽十八，仲尼之德不出諸侯之下而困於陳蔡，殷紂之行不出三仁之上而居君位，季札無爵於吳，田恆專有齊國，夷齊餓於首陽，季氏富於展禽。若是汝力之所能，奈何壽彼而夭此，窮聖而達逆，賤賢而貴愚，貧善而富惡耶？』力曰：『若如若言，我固無功於物，而物若此耶？此則若之所制耶？』命曰：『既謂之命，奈何有制之者耶？直而推之，曲而任之，自壽自夭，自窮自達，自貴自賤，自富自貧，朕豈能識之哉？朕豈能識之哉？』」這位命陛下的權威眞是大極了，力是一點沒有用處的。這種觀念，支配中國人的思想甚深。

其實何只在中國，在希臘神話、印度哲學，以及許多宗教經典裡，哪處不能找到？西洋如此，東方至今尤甚。傅勒爾女士（Mary G. B. Fuller）有一篇文章，敘述她在火車上與幾位印度農婦談話的情形。（見一九二五年九月分美國大西洋月刊）。當她和她們談到印度女子和嬰孩的死亡情形時，她們有的只嘆嘆氣，有的只點點頭，有的就深信不疑的說：這完全是命運注定的。假如孩子是注定不該死的，你就把他擲在石頭上，他還是能活；假如他注定只該活三個月，那一到他討完債的時候，你再也留他不住。造和中國所謂「討債鬼」的觀念，完全一樣。「閻王注定三更死，誰敢留人到五更！」（不過現在的醫生卻要打一針強心針，試留一下看。）禍福是神注定的，就是兒女的數目，也是神注定的。

這種迷信命運的觀念，痛心的是在最近的中國，還有死灰復燃的現象。村夫村婦抱著固有的命定論不必說了。抗戰前兩年在南京的時候，有幾位大學教授身穿西裝，對一個王半仙磕頭如搗蒜。王半仙傳達神的話，教他們避災，於是其中有一位中途託故借薪棄職，一溜煙跑到昆明。受過近代教育的知識分子還是如此，更有什麼話說！

這種粗俗的神定論，太簡單了，經不起推敲，也不應當能滿足有思想的人的要求。於是在西洋十七世紀自然科學開始發達以後，搖身一變為機械的，或是物質的命定論。這命定之權，從神的手裡移到物的手裡。

這種思想的轉變，是無足為怪的，因為牛頓的力學，萊伯尼茲・笛卡兒的數理，和整套古典派的物理學（classical physics）的發展，及其應用在機械方面的成功，太震炫一世了。牛頓三進向的（three dimensional）的宇宙，成了一個機械式的自然程序（physical process）因果律支配了一切。

像是如來佛的手掌，儘管孫悟空十萬八千里一個的筋斗雲也翻不出來。於是自由意志的學說，受了一個嚴重的打擊。如哲學家霍布士（Hobbes）就主張我們只有支配行動的意志（the will to act），卻沒有支配意志的意志（the will to will）。又如偏向泛神論的哲學家斯賓諾沙（Spinoza）則主張意志不過是精神的自動（spiritual Automotion），也就是順其自然，不知所以的動作（spo ntaneous motion）。這都是離開自由意志的表現。

但是十八世紀末葉和十九世紀初葉有兩位思想界的重鎮，重行樹起自由意志的大纛，爲人生道德問題求得適當的解答。一位是康德，一位是叔本華。

叔本華以爲意志是不受因果律支配的，他是宇宙人生的原動力，他在一切宇宙人生動作之後，推動這一切的動作。他沒有原因，他本身就是原因。人的行爲完全受制於這不可測度的意志，所以人生是盲目的，也是不能自主的。他要解脫命定論的悲觀，但是他自己卻踏入另外一條悲觀的路上。

康德是接受牛頓力學的宇宙觀的，然而他只是接受和承認它在現象世界裡的權威。（因爲當時支配科學的原理，只以牛頓力學爲最高；設如康德知道二十世紀的近代物理學，他的學說一定會有改變的。）他另外想出一個超越自然的世界來，安放道德的範籌，以爲人類行爲的準則。在這物質科學稱雄的世界裡，他三部深刻的「批評」，使人類在無可如何之中，得到一種道德的援助；也使康德成爲一百餘年來道德哲學的大師。

黑格爾也是一位不願意受因果律束縛的哲學家。他創導辯證法的邏輯，斷定思想是宇宙的本體。思想是以相反相成的程序，自己發展、自己創造、自己完成的。他用以達到唯心論的推理工具，被他的私塾弟子馬克思借用，卻到唯物的結論上去了。黑格爾以思想爲宇宙的本體，馬克思以生產力（force of production）爲人類進化的原則。循著這力量的演進是必然的，人是受他支配的。於是成立了一種新唯物的機械論。雖然這種學說在思想史上沒有很高的地位，也經不起嚴格的批評，但是在社會運動史上卻發生很大的力量。

其實這種十九世紀的唯物機械論，何只馬克思一派。在近代機械發達的時候，一般人爲之目眩耳聾，五體投地的向機械之神拜倒，甚至於思想界也未能免俗，於是產生了許多維多利亞時代的樂觀主義者，要以機械的原理來解釋一切。

譬如就以人的身體來講吧！生理學家局部研究他的神經系統、骨幹和血管，彷佛當電線、鋼筋、引水管似的來解釋；化學家則是看他的化合成分，以原子和有機組合來解釋；物理學家分析他原子的構成，以電子和質子（proton）來解釋；心理學家以感覺、情操、反射弧和語言習慣來解釋；心理分析家以下意識和立必多（libido）的活動來解釋；生物學家以基因（gen）和染色素（chromosome）來解釋；經濟學家以他當作經濟人（economic man）來解釋；統計學家以他求得中數人（median man）來解釋。經過東一分析，西一分析，人的研究是詳盡了，但是人卻不成其爲人了。

他們縱然可以把各方面分析的結果綜合起來，但是他們不知道整個不是分的總和的道理。整個有整個的特性，生命更有生命的本體，他們對於整個的不斷的生命之流，好像能用外科醫生動手術的刀剖開和割斷似的。他們的熱心，簡直要把整個的宇宙，塞在實驗室的玻璃管子裡。他們忘記了他們的態度，只是他們便利自己工作的假定，而不是宇宙和人生的本體。

這種的錯誤，是古典派的物理學遺留下來的，是在三進向的宇宙裡，在因果律束縛的宇宙裡的產物。把每部分的事物，不問它內在的時間因素，而在分離的空間裡，至多在分離的時間與空間裡，各個單獨的安置。這種的辦法，太簡單了。

近代大數理科學家也是大哲學家懷海德（A. N. Whitehead）稱之爲「簡單的安置」（simple location）。由於這種錯誤，遂陷入於將自然強分爲兩部分的錯誤（bifurcation of nature）。唯心唯物以及心物二元論的分立門戶，也就是由此而來。

哪知道二十世紀的近代物理學，早已把三進向的宇宙和這宇宙中的因果觀念一律放棄了！宇宙是無數的「事」（events）構成的。每件事又是空時集體構成的。以前所謂「空間與時間的集體」（a spatial and temporal unity），現在應爲「空時的集體」（a spatial-temporal unity，注意此處連續詞「與」字的刪除。）「沒有無時間的空間，也沒有無空間的時間，同樣的也沒有無充滿質或本體的空時。在每一個自然的實體裡，上述的一切，都包括在內；他們不是彼此之間只有外部的關係，而是內心的彼此深入而爲一體。」（參看Rudolf Metz: A Hundred Years of British Philosophy pp.601-602，原文爲德文，此係Prof. J. W. Harvey等三人合譯本。）

所以宇宙是整個的，是不能分割切斷的。強把它分爲孤立無依的個體，以爲這是因，那是果。某果由某因而產生，便是因果律重大的錯誤，是不合於宇宙眞象的解釋。

這種把各部分做防疫式隔離的辦法，就是懷海德所指出「錯置具體性的謬誤」（The fallacy of misplaced concreteness）。「這種宇宙的概念，無疑的是由於高度的抽象方式相構成；其似是而非的見解之所由生，乃是誤把這種的抽象（abstractions）當作具體的本體（concrete realities）。」他並且認爲物質科學所定之能力（energy）的各種方式，如波長、震動、量子，與原子核等等，只是科學的抽象，正如我們所知道我們本身的情操一般。（參看A. N. Whitehead: Process and Reality一書，此係近代一部偉大精深的哲學名著。）

近代物理的觀念，既然根本改變，則附麗於以前古典派的機械觀，自然根本動搖。這正是所謂「皮之不存，毛將焉附。」況且近代分析方法，把「心」分析得都成物的方式。（參看B. Russell: Analysis of mind。）同樣的方法，也把「物」始終分析爲波長、震動，與不可見而只可算的量子與原子核，反成爲心的感覺與概念。（參看B. Russell: Analysis of Matter）。這眞是同極知識探討之能事。兩個極端，居然能達到孔子所謂「我叩其兩端而竭焉」的境地。（此處也可以借用B. Bosanquet: The Meeting of Extremes in Contemporary Philosophy這個名詞。）唯心論與唯物論均同病相憐的騎在欄杆上，我們又何所愛憎，何所厚薄呢？

深刻的唯物機械論都動搖了，何況是馬克思所持更爲粗糙的唯物論。馬克思的唯物史觀，實際上是經濟史觀，也就是經濟的命定主義。

以經濟條件爲人類生活重要條件之一是不可否認的。若以此來解釋人類一切活動的現象，那就陷入重大的錯誤。

宇宙的生命不是片面的，人類的生命也不是片面的。人類的動機複雜極了。沒有麵包吃的時候固然要吃麵包，有麵包吃了，也還要作詩、談戀愛。換過來說，難道作詩談戀愛也僅是爲麵包嗎？科學的唯物論者，要想以愛人的一笑，做電子的波動來看待，已經煞風景極了。經濟的唯物論者要以這一笑當作換麵包的代價，豈不更殘酷嗎？（讀者想必有人看過《愛情與麵包》那本小說。）

如以經濟條件的充分滿足爲人生最高的目的，那以前軍閥的姨太太有大洋房住、有汽車坐、有好飯吃，這一切的享受，眞可謂滿足極了。她的生活，豈不是大家追求的理想嗎？不是的！不是的！我們對於人生不能只認識價錢（price）而不認識價值（value）！

啓發馬克思的傅葉巴哈（Feuerbach）有一句格言，更說得有趣，他說：「人吃什麼，就是什麼」（Was mann esst, ist）。難道人吃豬所吃的東西，就成爲豬，或是進一步說，就帶豬性嗎？最好否認唯物史觀的例子，莫過於藝術的作品。

我有一位朋友，收藏了一套名人的畫冊，聽說故宮博物院有同樣的一套，於是經過正式的手續，在公開方式之下，拿了去對。果然尺幅、紙張，以及畫的內容，都是一樣的，只是故宮博物院所藏的眞本有精神，而他所藏的無精神，原來這套副本是當年內廷如意館的人臨摹的。兩個人用同樣的紙張，同樣的顏料，甚至於顏料的分量都毫釐不差，來畫同樣的畫，但是一個人可以得到「妙手天成」的作品，一個人可以得到「畫虎不成反類犬」的成績。

至於以辯證法的方法，來達到經濟史觀所說社會進化的必然階段，更是扞格不通。我舉羅素一段徵引史實的話來說明：「野蠻民族的侵入羅馬，並不曾產生更進步的經濟形態；將摩爾民族（Moors）逐出西班牙，與殲滅亞爾卑堅斯民族

（Albigenses）於南法蘭西，也不曾產生同樣的結果。在荷馬以前梅西寧（Mycenaean）文明被摧毀了，但是經過好幾世紀才另有高等文明產生於希臘。退步與墮落的例子，在歷史上至少和進步與發展的例子一樣的多，一樣的重要。馬克思與恩格爾著作裡的理論，是與這些史實相反的，除了他合著十九世紀的樂觀主義而外，別無他物。」

羅素又說：「就算承認各種巨大的力量發生於經濟的原因，這些巨大的力量，也常是要靠很瑣碎和很湊巧的事件，才能得到勝利。讀托羅斯基的俄羅斯革命史，（托氏後來的政治派系，是另一問題，但是他確是唯物史觀者。）不能不相信列寧對於這次革命關係之重大；但是當時德國政府是否肯讓列寧回到俄國去，也是關係重大的、一件非同小可的事。若是當時德國主管這件事的閣員，前夜害了一種不消化的病。次日早晨他要說『可以』的時候，說了『不可以』，我不能想像沒有列寧，俄國的革命，能有它所得到的成就。」（參看B. Russell: Freedom and Organization。）

我只要補充一句話，就是列寧是有堅強意志和偉大人格的人，他的生活不是爲自己物質享受而生活的。所以假如共產黨人遇到死的時候，高呼「共產主義萬歲」，在共產黨的訓練是成功了，但是唯物史觀，卻因這一叫而宣告死刑了。

就以上所說十九世紀物質科學所產生的「粗糙」樂觀主義，就是天眞浪漫（naive），認爲進步爲必然的樂觀主義而論，其中也充滿了悲觀的成分。不但許多事業是違反它前定的判斷，會使它失望，而且這種機械觀察終究是要使人感覺到生存是無意義的。縱然一切都會進步，但是這種進步不過是自然的巨輪所逼迫的，而不是自己意志所決定的，自己意望所支配的。不得不如此的動作，是多麼機械而無意義的事？這種的悲觀，都是由於不了解生命原理的緣故。宇宙是整個的、不斷的程序，生命也是整個的、不斷的程序。宇宙的系統，是有機體的整個（organic whole），生命也是有機體的整個中之一個系統。這整個是有生命的、是創造的；生命也是有生力的、是創造的。（參看D. M. Emmet: Whitehead's Philosophy of Organism）

生命是實在的，它含著眞實的空時不斷的在創造，也就是不斷的在實現。我們不要從物的惰性（inertia of matter）裡去看宇宙的祕密，我們要從生命的動態（movement of life）裡去實現宇宙的祕密。

在這個新的生命認識裡面，我們不怕沒有地方去安置道德的責任問題。我們不必和叔本華一樣，把意志放在宇宙事物的後面，盲目的來推動一切動作。我們也不必和康德一樣，把意志放在超越自然的宇宙裡面，居高臨下的來指揮。

從新科學理論裡我們得到的意志論，是如我下面之所說。

第一、生命是創造的活動（creative activity）**，而意志就是生命的創造力**（creativiey）　沒有生命的意志，什麼生命都無存在可言。人生一切本能的活動，都是受這種意志的支配。舉粗淺一點的例子來講，一個人自己不要活，醫生難道有什麼辦法。醫生還能夠告訴你，一個病人自己求生的意志，對他醫療上是怎麼一種幫助。

眞正的精義是整個動的宇宙在求實現，整個動的生命也在求實現。這種求實現的要求，你叫它作柏格森（Bergson）的「生力」（elan vital）也好，你叫它作懷海赫德的「具體實現原理」（principle of concrescence）也好，在邏輯上推到的結論，是同樣的。（柏格森的哲學以近代生物科學為出發點，懷海德的哲學以近代數理科學為出發點，但是兩大學派最後的結論，雖仍有一些範圍上的不同，卻頗現出很接近的地方。）

這個我稱之為生命的意志。這種不斷創造的生命，在它裡面每個個體、每個種類，都在求實現的。這就是我所了解的上帝。上帝就是不斷創造的生命。上帝與生命是合一的。上帝沒有現成做好的東西。他是不停止的生命、活動和自由。

像這樣所了解的創造，並不是一件神祕，只要我們能有意識的去選擇我們的活動，和計畫我們的生命的時候，我們自己就能經驗，就能參加。我們的奮鬥，我們的痛苦、我們的雄心、我們的失望、我們想比現在更好、更強的迫切要求，都是我們生命的意志的波浪和伏流。只有這種內發的生命動力，使我們發展、長成，把這動盪不定的星球，變成無止境的創造的舞臺。

第二、意志同時也是生命的機能　這層意思，可以補充前面所舉的要義。這是說，意志是生命本身的一部分；他瀰漫在生命裡，與生命合而為一，並不是超越生命的。所以這種主張，絕不至於蹈唯心論、唯物論，或是心物二元論的覆轍。

拿刀來作譬喻，生命是刀，意志便是刀鋒。沒有刀就沒有刀鋒，這刀也就失了刀性。青鋼劍能削鐵如泥，正是因爲它有犀利的鋒，不然它可以爲鏟爲鋸，但絕不能成爲青鋼劍。意志和生命的關係，也是如此。

沒有意志的生命，是鈍的、無生力的，也就是黯淡的生命。過這種生命的人，正可稱爲「行屍走肉」。

第三、意志是選擇的主動者 在整個的宇宙系統裡，懷海德認爲有「選擇的程序」（selective process）；經過它，本體在充滿了的可能之中，得到寄託，進入到時間的程序裡。若是所有的可能都實現了，那就沒有秩序的世界，而爲完全的紊亂（參看Metz前書六一九頁。）

生命是整個宇宙的一部分，同時也是由於乙丙丁戊之所以爲乙丙丁戊。絕對的自由意志是沒有的，但是意志對於選擇（Choice）的自由是有的。近代以唯物機械論爲背景的科學家，不免太注重環境的影響了。

生物學家主張適應，不知適應也有兩種：一種是被動的，因爲不能變更環境，於是屈服於環境之下。許多低等生物，因此而使自己的官能都喪失效用。一種是積極的適應，就是以自己的能力，去改變環境，而得到能滿足的生存。

各種生物都是要求生存的。中國小說裡，一位小姐爲了愛情要自殺的時候，她的丫頭梅香總是婉勸道：「小姐，螻蟻尚且偷生，小姐千萬不要萌短見。」螻蟻可以偷生，但是人不能偷生，而且更要創造生命、豐富生命、擴大生命呀！（其實螻蟻自有其鬥爭精神，不是梅香所想像的只是偷生。）

近代的地理命定論者，自柏克爾（Buckle）到沈泊爾（Semple），以爲民族的發展，主要的由其所在地的天時地利而決定。在一定的限度以內，這話有相當的理由。但是人的妙處還在他能征服環境、改造環境。對於距離的征服，尤其是近代文明的一個顯著貢獻。

近代的工程爲人類變更了許多自然環境的形態。同在一個物質環境相同的客廳裡，文學家的思想可以脫離現實而寄情於風月，天文家的思想可以旅行到星球，數學家的思想可以在許多無窮大的符號裡繞彎子。這種人生自己創造出來的知識環境，更非機械的地理命定論所能範圍的。地理的環境可以供給我們許多選擇的材料，至於選擇何種，自然靠我們意志的決定。我們的智慧發展愈高，則脫離本能的支配愈多，而意志活動的範圍也愈大。因爲我們的意志有選擇的自由，所以道德的責任是不能逃避的。

舉一個譬喻來說吧，假如有一個知道我方軍事祕密的人，被敵人捉去了。敵人自然要以酷刑或是處死來逼迫他說出來。他不說出來就不免於死，說出來就成了漢奸。在這死與漢奸的關頭，意志堅定的人是情願死而不肯說出來的。

又如伯夷叔齊決定「義不食周粟」，情願餓死在首陽山上。挨餓的時候，他們何曾不痛苦；但是伯夷叔齊自由的意志，情願選擇餓死的一條路，而不肯中途下山。滿清亡後，有一班遺老，以伯夷叔齊自命，但是後來經袁世凱封了些什麼卿大夫的頭銜，一齊都「出山」了。「西山薇蕨食精光，一陣夷齊下首陽。」後來的夷齊可以一陣一陣的下來，無怪當年夷齊的高風，可以震鑠千古！選擇的自由，實在是道德的責任之所繫。柏格森甚至主張「選擇就是創造」實在不是過分的話。（參看Bergson: L'Evolution creatrice。）

第四、意志是人格的連繫性 拿一個人生理的組織來講說吧，則每天細胞和血輪的新陳代謝，不知道幾千萬萬。就拿記憶力來講，則記憶力至多也不過保存或選擇過去經驗的印象，而不能保持人格的統一性。

若專就所謂物質的因素來講，則「朝秦暮楚」、「以今日之我與昨日之我宣戰」，不但是普通的事，而且是正當的事。但是人之所以爲人，總不應當是這樣，因爲人是有人格的，人格是一貫的。儘管身上的細胞和血輪天天有新陳代謝，但是人格不允許「朝秦暮楚」。

中國文人最喜歡把自己來比附的一個人就是王粲。一登樓就自擬爲「仲宣作賦」，一投靠就自命爲「王粲依劉」。其實王粲是一個最無人格，意志最薄弱的無聊文人。他以漢室公卿的世冑，先依劉表，後來勸劉表的兒子降曹；再依曹操，又玩奉觴勸進的那套肉麻把戲。他人格的墮落，或是由於他的體魄太壞，但是最重要的還是由於他意志薄弱。中國文人好以這種人自比，眞是文學思想上的一種恥辱，也是人生觀上的一種病態。

聯繫人生的各種活動，使其有一貫性，而爲其建立一種人格的，唯有意志的力量。懷海德認爲人格是一種有統一性的活動（unifying activity），把一切有關的程序，聯成爲整個。所以意志是有綜合性的（synthetic）。我們必定要能知道自己所做的是什麼，能決定自己要做的是什麼，才能有一貫的人生態度。遇著困難和挫折，才能勝過而不爲所屈服。這種堅定的意志，對於要做人的人，都很重要，而對於當局的人尤爲重要。

譬如中國這次長期的抗戰，因爲國家物質的條件太差了，於是多少意志薄弱的人，心理在中途發生搖動；但蔣先生的意志始終屹然不動，所以能在極端的困難之下，最後爲國家民族打出一條生路。我以前說過，凡是國際戰爭，當兩國在開戰以前，所計較的是利害的輕重；開戰以後，所比量的是意志的強弱。蔣先生這種堅強的意志，不但完成了他自己的人格，而且完成了中華民國的國格。試問專事投機取巧的國家，不問立場，專以勢利眼看國際局勢；看見哪國一時的得意就奉承哪國；今天可以侵略，明天可以反侵略，哪還成何話說？所以中國這次戰爭，從後代歷史家的眼光來看，至少中華民國的國格是因此確切樹立起來了。即此一點，也足爲我們的民族自豪！

綜合起來，可見我所主張的意志，並不是一個神祕。或者有抱傳統觀念的科學家要反對，以爲學科學的人，用不著這種哲學觀念。但是請問追求科學到它最後的含義，能夠離得了哲學的解釋嗎？

再退一步說，做實驗尚且要有工作的假定，才能得到相當的結果，難道廣大的人群、偉大的人生，不要保持一個確定的態度，就讓它如無舵之舟，在茫茫的大海裡飄蕩嗎？這太危險了！況且最有趣的是，反對意志學說的人，若是當面說他意志薄弱，他又會勃然大怒。

我並不反對抽象和分析，我只是反對以一部分抽象的方式，來當作宇宙和人生的本體，以一部分分析的所得，來當作宇宙和人生的全體。這所謂「以管窺天」，而「日天小者，非天小也。」為了某種應用的目的，抽出一部分事物來研究，以求精細，是很好的事；但是若是研究的人，忘記了他的範圍，用了一個相對論的名詞，忘記了他的「參考系」（reference frame），而硬要把他局部的結論去解釋一切，那便是重大的錯誤。況且就是集合了各方面的結果，湊成一個總和，也不能說這總和就是宇宙和生命的本體與全部。因包含眞實空時的宇宙和人生，在本體下是有生命的、是不斷創造的，也是不可分割的。

我前面說過，整個不等於分的總和。這道理在數理邏輯裡有較深闢的解釋，我們暫且丟開不講。我現在只拿樂譜來說明這個道理。

譬如音樂裡的一大套交響曲（symphony），是用多少音符（notes）寫成的，但是彙合一樣多數量的音符，並不能成爲一套貝多芬（Beethoven）著名的第九交響曲，況且第九交響曲的感動人的程度如何，不只是音符的配合，還要看指揮和演奏的樂師的技術如何、天才如何。因爲這一套複雜的交響曲，是一篇整個的藝術作品。它在美學上的評價，是由它整個的藝術影響而定。要了解音樂尚且如此，何況要了解音樂裡的交響曲更要複雜，更要豐富，爲億萬人億萬事心弦交響，藝術演出的人生！

人生不是傀儡，沒有命運在後面提線，所以我們不向命運之神拜倒。人生不是機器的輪齒，不由分說的隨著機器的巨輪旋轉，所以我們不向機械之神拜倒。

我們在動的、創造的、眞實的宇宙裡，自有動的、創造的、眞實的生命。這生命是不可分割的，也是不停止的。他本身就是創造的活動。他更是有意識的活動。他以智慧來擴大他意志的自由，以意志來鎔鑄他人格的統一。

所以我們生命是有著落的，我們的道德是有標準的。宇宙和人生都不是一部預先七重封固的天書，乃是要我們一頁一頁用自己的生命去寫成的寶典。

最後再用一個譬喻：我們做人，不是在預先排定了的一幕戲劇裡，去湊一個角色；我們是要由自己用盡心血，去把自己所演出的部分，在劇本中寫出，並且自己費盡氣力，把這部分很精彩的在宇宙的舞臺上演出。

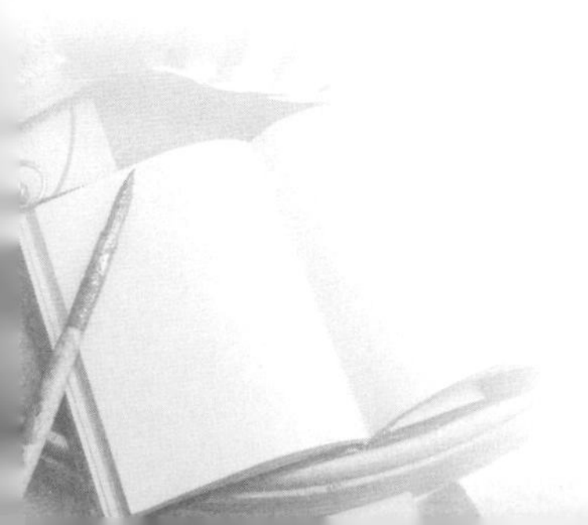

11．從完成責任到實現權利

權力（right）與責任（duty）是政治學裡面的基本問題，也是人生哲學裡面的重要問題。

自從盧梭（J. J. Rousseau）提倡社約論，和法國大革命所發布人權宣言（Declaration des droits de l'hommeet ducitoyon）以後，於是人權的學說瀰漫了歐美。十九世紀的各種基本法律，都受了他重大的影響；一般人的思想，也都受了他深刻的刺激。

從十九世紀末葉以來，這種學說，在中國也曾盛行一時。我們記得盧梭曾經說過：凡人生來都有不可分離的天賦權利。然而我們知道，人類的權利，並不是天所賦與，而是人類努力和社會文明的產物，所以這種學說，也受當時和後世許多人的批評與非難。

「我的權利，你的責任。」（My right and your duty）這句話，更成爲舉世滔滔的自私者之心理的寫照。其實這種原來的思想，並沒有否認凡人應有的責任，更沒有淹沒當時歐美人責任的觀念。

就在法國大革命的時候，英法在傑佛加（Trafalgar）一戰，英國海軍把拿破崙的艦隊消滅。那勝利的英國主將納爾遜（Nelson）受傷臨死之際，還叮嚀英國人道：「英國盼望每個人能盡他的責任！」（England expects every man to do his duty）這句話竟成爲英國民族神聖的格言，影響到十九世紀英國整個國家的發展，使大家一說到權利，便聯想到責任。這是一個特著的例子。其實何只在英國，在其他國家中，責任的觀念，又何曾爲權利的學說所掩蓋呢？

我們如要明瞭權利和責任的性質，以及權利和責任的關係，必須先了解人生在世，究竟有什麼目的？什麼任務？我常說整個人生的目的，就在求自我的實現（self-realization）。什麼是自我的實現？自我的實現就是自我的完成（perfection of the self），也就是充分的發展自己、充實自己，以求達到盡善盡美、篤實光輝的境地。

原來人類的天賦，有肢體感官之類。一個人要實現自我，必先充分發展自己的肢體感官，使自己的體魄得到最健全的發育。這就是發展物質的天賦。但是除了物質的天賦之外，人還有情感和情操（feeling and emotion）的天賦。人類相互間的情感，也就是根據這種天賦而來的。更進一層的天賦乃是心靈，也就是理性。

亞里斯多德說過：「人是動物。」（Man is an animal），這句話似乎輕視了人類。但是他接著就說：「但人是有理性的動物。」（but a rational animal）人類因爲有天賦的心靈，有理性的活動，所以有各種的思想（ideas）和理想（ideals）；而且往往爲了這些思想和理想的實現，雖犧牲一切在所不惜。這都是自我實現的不可少的方面。

當然自我的實現，要身體感官的健全發展，要感情情操的充分培養，要心靈性的高尚活動，但是這一切的一切都非在大社會中實現不可。

所謂大社會就是整個的大我。自我的實現，並不是爲了自己，排斥他人，侵犯他人的意思。若是如此，自我也就斷難實現。人生在世，依靠大我的幫助太多了。

比方在大學的學生，不要以爲自己能到大學讀書，完全是自己奮鬥出來的。你們能夠坐在教室裡上課聽講，乃是享受了旁人許多工作的結果。不要說你們的書籍紙張等等，都是靠旁人供給的，就單說你們所坐的椅子，也就少不了做椅子的木匠，做斧鋸的鐵匠，運木頭的商人和工人，以及種樹的山農。必須經過這許多專門職業者的努力，才能造成這些椅子，讓你們安坐而聽。

再比方一件衣服固須經過裁縫的剪裁和縫紉，才能成功，但是縫衣要布，說到布就不可沒有織布的工人；紗是棉花紡成的，也就不能沒有種棉的棉農。同樣須經過許多人的工作，才成一件衣服。

所以離開了大我，要實現自我是不可能。就是魯濱遜飄流荒島，也幸而帶了獵槍和其他的物品去，否則一無長物，他在荒島中早就一命嗚呼了。所以自我的實現，非恃大我——整個的大我來實現不可。

至於自我的發展能到什麼程度，一方面要看大我發展到如何地步，一方面要靠投身在大我裡面的自我，能替大我盡如何的力量。大我是無數自我構成的，自我的力量盡得愈多，則大我的實現愈大；大我實現愈大，自然自我的實現也因之愈大。

可見自我千萬不可自暴自棄，必須藉由大我以發展自己的天賦，而達到盡善盡美的境界。

希臘哲學裡常用一個字，英文譯作excellence；據狄更生（G. Lowes Dickinson）在他所著的《希臘人生觀》（Greek View of Life）一書裡說，這個字的英譯，也不足以盡希臘文的原意。在中文裡更難得到適當的譯名。它的含義就是人生各部分，無論是體質的、感情的，或是理智的，都能和諧地發展到盡善盡美的境界。自我必須努力達到這種境界方算是盡了自己的責任。但是這必須投身到大我中間盡力才能做到。

在流行外交文牘中，對於代表一個國家，或掌一國大權的人，常稱「Your Excellency」即由希臘意義而來。這個客氣的稱呼，也可以認它含有兩種意義：一種是身爲國家代表或掌國家大權的人，理論上應當是各方面都能發展到盡善盡美的人（雖然事實並不都是如此）；一種也可以說是負這種大責。掌這種大權的人，更應當能充分把他的自我，發展到盡善盡美的境界。他能不能有這好的造詣，是另一問題；但是人家對他的看待，卻是如此。因爲他替大家盡力的機會最多，所以他自我實現的機會也最多。若是他有這樣的機會而不能實現，那不但對不起職務，而且辜負了自己。

一個偉大人物之所以能夠成功，正是因爲他能抓住爲大我服務的機會，而不肯鬆懈自我實現的努力。比如法律規定每人每日工作八小時，在一般人看來，超過八小時就不是我所應該做的了。而有貢獻有成就的人物，則每天做十時，十二小時；甚至十六小時的工作，也毫不埋怨。前賢「夜以繼日，坐以待旦」就是這種例子。人家以爲他因負任重大而苦，但是他則因自我實現的機會愈多而樂。服務不只是責任，而且是權利。不只是在政治方面的人才如此；凡是以對大衆謀貢獻爲自身使命的人，都能如此。

現在先講「權利和責任」的初步分別。

什麼是「權利」？權利可以說是一種享受，一種滿足（satisfaction）。

什麼是「責任」？責任可以說是對於他人權利的一種承認。

用英文來說，便是「Duty is the recognition of that which is due to others」但是這兩層意思，有加以充分解釋的必要。

第一說到權利是自己的滿足，或者說是個人生活的滿足，這話很容易發生流弊。比如有的人好賭，打牌就滿足了；有的人好嫖，以爲涉足花叢就滿足了；貪者錢多就滿足了；誇者自大就滿足了。

難道人類的生存，就是因爲這類的滿足嗎？而且人類的享受，就只是物質慾望的享受嗎？於是有倡爲快樂數量之說的。但是快樂難道可以不問質量而專談數量的嗎？設如一個國家裡大家都好賭，難道政府爲了滿足大家賭的快樂，就用法律來保障賭嗎？設如一國的人大家好抽鴉片煙，難道政府爲了他們的滿足，就立法來保障抽鴉片煙嗎？若是只求數量的滿足，且以爲多數的滿足就算是最正當最大的滿足，那我們無話可說。

不過人類的滿足，不單是數量的，而是有等級的，有質的成分。固有人情願大賭一場，弄到腦溢血而死，以爲滿足，卻也有人情願爲理想奮鬥而死，不願苟且偷安而生。所以自我的滿足，並不是可以數量來計較的。

我們人類之所以異於一般動物，情願爲同情心所驅使而工作、而身殉。是因爲有理性，所以我們願爲理性而犧牲，有殺身成仁、捨身取義的壯舉，使精神長流於天地之間。比如諸葛亮，食少事繁，非不知其生命之不能長久，明知之而仍要六出祁山，鞠躬盡瘁，以盡他認爲應盡的責任，正是人類感情與理性發展到最高程度的表現。

所以我們可以進一步說：人類最高的享受和滿足，不只是數量的，而且是質量的，不只是物質的，而且是精神的。

第二說到責任就是對於他人權利的承認，那就是說自己的責任是對於旁人的。比如盡忠國家，就是自己對於國家應盡的責任；孝親，就是自己對於長輩應盡的責任；對朋友有義氣，就是自己對朋友應盡的責任。

一個人對他人要盡許許多多的責任，豈不是把自己當作傻瓜嗎？但是責任這件事，並不是如此簡單的。須知對人能盡應盡的責任，自己才能在盡責任的過程中，得到最高尙和最大限度的滿足。自己多盡一分責任，自我便多一分進展；自己多盡一分責任，自我便多一分精神的享受。以前所舉偉大人物甘心爲人服務而不辭勞怨的例子，便是最好的證明。所以我們還可以進一步說：從最高的道德意識來講，責任就是權利，只有從盡責任的過程裡面，才能得到充分權利的實現。

法律對於權利和責任的規定，大都是消極的，不是積極的，是防止的，不是創造的。因爲法律的規定，只是群己權界的規定，使人與人之間，彼此不相侵犯，使大家的權利和責任，不致互相侵越。好比兩個碗重疊起來容易相碰，中間預先隔一層棉絮，以免碰破。

還有一層，法律的規定，常常意在防止當權的人濫用權力，以致侵犯人民的權利。所以法律規定其所賦予於當政的人，或公共權力機關的職權，須受濫用權力的限制。因爲歷史告訴我們，政府或當政的人，往往易於濫用權力致引起人民的反抗，結果同歸於盡。這種防止，是很有理由的。

不過，規定之間，應當很費斟酌。個人的權利毫無保障，則個人無法發揮能力，以盡責任。同時對於政府權力限制的規定，若是太嚴密而無彈性，那也易使政府變爲無能的政府。遇到國家民族發生大變亂或從事對外戰爭的時候，無能的政府是絕不能發揮政治的力量，以應付當前艱危的。結果若使人民與政府同歸於盡，那人權也就無所附麗了。

總之，法律的規定是必要的，法律是人我之間的一種調節（adjustment）；但是如果要靠法律來創造權利和開拓權利，那便錯了。比方說法律可以規定發明播音機的人，予以專利權五年或十年，在這個期間如果有人私自仿造的，便是侵犯了發明者的專利權，應當受法律的制裁。這種規定不過是對於已發明播音機者的一種權利保護，擴大其效果，至多不過是對於未來發明者的一種鼓勵；但是法律的本身絕不能發明播音機。任何發明，都是研究的人盡他研究責任的結果。不盡這責任，便沒有發明；沒有發明，發明的專利權便根本不能存在。

所以要享權利，只有從盡責任中以創造權利，就是唯有充分發揮自己的各種天賦，以盡自己的責任。這是我們積極的權利觀念。

還有一點要說明的，從前的法律，都只是注重個人權利的保障，所以很多國家的法律，盡力注重這點，更有很多國家的法律，規定個人的財產權是神聖不可侵犯的。但是個人的權利發達過度的時候，便生出社會上貧富不均阢隉不安的流弊，因此晚近各國的法律對於權利的態度，大有改變，就是不只注重發展個人的權利，同時還須限制個人的權利，尤其是財產權，以配合國家民族的安全。

至於近代各國的憲法中，常有人民應服兵役或工役的規定，總動員時，依法可徵用一切物資，也都是根據事實的要求。

再進一步說，就是權利有了，也絕不可以用保守的態度去維持的，而是要靠不斷的創造才能保持永久的。權利固然非創造不能產生，但既以創造之後，也絕不是把各種權利開一張表出來，規定在法律上，便可以永久保守。須知愈保權利，則權利的範圍就愈擴張。這是千古不變的原則。

比方說一個人家的祖宗，遺下一份財產，按照法律的規定，應該歸於某人，某人乃將這些財產分別開一張清單，表明是屬於他的；但是他老是守著不去經營，你想他能保守得住嗎？若是他人把他的財產侵佔，固然他可以去打官司，只是打官司是要時間和費用的，於是財產少去一部分了。就算沒有人來侵佔，他只知道保守著，於是「坐吃山空」，和剝芭蕉一樣，剝到蕉心，芭蕉也就完了。所以有識之士，要重新估定價值，要不斷地的創造新價值，這也就是創造新的權利。

世上多少英雄豪傑、哲人志士，絞腦汁，捐肢體，都是爲創造這些新價值而努力的。因此他們也就享受著碩大的權利，獲得一般人所不能得到的滿足。所以一個人如果要保障發明播音機的權利，必須先發明播音機，不然的話，保障什麼？並且他還要不斷的求播音機的改善，不然人家有更新的發明了，他舊式的東西，一定無人過問，就算有法律的保障，又有什麼用處？

所以只有不斷創造新的價值，盡新的責任，才是自我實現唯一的途徑，也才是自己權利唯一的保障。若是責任愈盡得多，新價值愈創造得多，則權利的範圍也就愈擴大；而別人也一定會承認他的權利，甘心讓他享受，因爲他是配享受的。

由此看來，權利和責任實在是相對比的，不盡責任便不當享有權利。個人如此，國家亦然。比如第一次世界大戰結束的時候，在國際和會席上，也只有在戰爭期間盡過責任的國家才有發言權。

比利時雖然國土喪失殆盡，但他在戰爭時期，抵抗過德國軍隊越過中立地帶，使德國軍隊不得迅速達成進攻協約國的企圖，所以一旦戰爭結束，在巴黎和會上比利時不但獲得和列強分庭抗禮的光榮，並且各大國都很尊重他、贊助他，就是因爲他已盡了他國家的責任，所以能得戰後應得的權利。

當時中國也是參戰國，但爲什麼得不到這種權利？就是因爲中國在名義上雖曾參戰，其實是參而不戰，並未盡眞正參戰的責任，哪有資格去享受權利？這是當年北洋軍閥政府時代的錯誤。

將來世界大戰後的和會席上，情形應大不同了。因爲這次世界上反侵略的大纛，是中國首先舉起來的。在這點我們不但做了國際間的先覺，而且我們以無限的血肉，爲民主國家阻壓住了日本無止境的凶燄。我們將來強固的發言地位，是我們以犧牲和痛苦換來的。我們若是更要提高發言的權威，還得要加強艱苦的奮鬥。

（按，以上的話是三十一年寫的，照理論和事實來講，絲毫不錯。不料到四十年九月八日，我國竟被拒絕出席舊金山對日和約會議參加簽字！這不但是對於中國最大的背信和喪盡天良，而且是對於人間正義與國際道德最大的破壞和侮辱。這自然是強權政治的醜行。不過若是我們能自我反省一下，也未始不是我們在抗戰方終，剛才得到勝利以後的三年，全國上下都大大的鬆懈下來，以爲從此好日子是無窮無盡，可以不勞而獲的；於是大家都毫無顧忌的掠取權利——包括不正當的權利——而毫不懷疑的放棄應盡的責任，以致造成這樣空前悲慘的局面！加此補注時，衷心傷感交集！四十年九月九日補注。）

至於從建設的方面講到一個民族在各民族間的地位，也有同樣的道理在安排一切。一個民族之所以能夠生存，並不能靠其他民族幫助的力量，必須自己能夠站起來，更須要自己能在世界上對於人類文化和幸福的總量，有相當的貢獻，然後才能受其他民族的重視；就是他自己分享其他民族所創造的成果，也才於心無愧。

我們過去對於世界文化的貢獻，是很光榮的。我們這次抗戰，雖然在初期的軍事上，不免稍受挫折，但是外國人不但不輕視我們，不敢說我們的民族不行，而且反格外尊重我們、同情我們。在他們沒有認識軍事力量以前，我們文明力量的感召，是很重大的。

蔣百里先生說，前幾年我國古物在倫敦展覽，曾給予歐洲人士以極深刻的印象，所以他認為這次許多友邦對我們表示的態度，與前年古物的展覽也頗有關係，就是這個道理。

不過這還是我們的祖宗遺留下來的產業，並不是我們這代文化創造的成績。當然，我們絕對尊敬我們偉大的祖先，但是我們若是有出息的子孫的話，絕不應藉祖宗的歷史來掩飾自己的缺陷——此之謂「吃祖宗飯」。我們要問我們這代怎樣？我們的發明在哪裡？我們的創造在哪裡？我們的貢獻在哪裡？所以我希望大家不要只是以祖宗的光榮自豪，還要力求自己有偉大的貢獻，以取得其他民族的尊敬，而樹立自己整個民族生存的基礎。

最後關於「責任」，我還有兩點要提出來說明的：

第一、是責任的衝突問題。人在社會上有關的方面太多，所以應負責任的地方也太多，有時責任與責任之間常常發生衝突。比方一個人結了婚，有了家庭，就有對妻子的責任。這種責任是不可否認的，在平時愈能盡責愈好。但是遇到國家在危難的時候，需要我們執干戈以衛社稷，就不能說因爲自己有了撫養妻子的責任，遂留戀畏縮，因循不前。

在這種責任互相衝突的時候，只能拋棄較輕的責任，去擔負較重的責任。否則大我無從實現，自我也無從發展。所以古人有忠孝不能兩全的話。有如岳飛的母親，未始不想她的兒子在家養生送死，但她以爲教她兒子精忠報國，也就是她的責任，所以她情願兒子爲國盡忠而死，不願爲她送死而生。因爲她認識了她和她兒子對民族國家存亡的責任，比她兒子對她自己送死的責任爲重。設如民族國家遭滅亡，她個人壽終正寢又有什麼意思？所以遇到責任相衝突的時候，我們只能判別輕重，選擇我們應盡的較大責任。

第二、是個人應該先盡責任，後談權利。因爲我們所享受的權利，乃是他人盡責任的結果；禮尚往來，來而不往或是薄往而厚來，都是不應該的。我常責備現代的青年，不是對於他們的苛求，乃是因爲希望他們的心最切。

現在青年當以將來國家主人翁自豪，彷彿以爲主人翁是有種種的權利跟著的，自己不一定用功讀書，而自己總愛說有讀書權，凡是可以要求公家的東西，莫不盡量要求，以爲是國家應該給我的權利。

其實我們自己仔細想想看，國家究竟該給我們些什麼？國家並不是一個債務人，國家乃是個人的集合體；各個人的責任交給國家，國家才有責任，大家把大家的權利交給國家，國家才有權利。我們無債可以向國家討索。還要明白，現在國家所能給我們的一點東西，都是大家交納給國家的，比方國家現在爲每個大學生平均負擔數千元一年的教育費，乃是一般人民三毛五毛的捐稅所湊集起來的。這般盡納稅責任的人，自己固然多半沒有享受國家何種教育，就是他們的子女，也未見得受了國家近代教育的設備。

憑良心說，我們怎樣忍心來向國家要求這些權利？就是國家把這些權利給了我們，我們也於心何安，何況我們還要浪費，濫用或擴大這些權利呢？說是應當教育青年，是不錯的；但是這話只有讓國家自己來說，而受教育者不便自己來說。於是有人主張以為國家教育了我們，我們將來可以為國家服務。這是投資的觀念，這是一本萬利的觀念。當然我們希望個個青年將來能夠學成應世，做出一番大事業來，替國家盡大的責任，只是這種希望能否實現，還要待將來的事實作證明，自己絕對不能引以為要求權利的藉口。我們立身行事，應該為國為人，盡其在我。

我們不說人在世上沒有權利，但是權利是責任的產物，不是憑自己的慾望去要求的，更不是坐享其成可以得到的。我們現在所享的權利，就是旁人已盡責任的結果；必定我們盡了應盡的責任，才能夠安心享受應得的權利，何況許多權利只有在盡責任的過程中才可以得到呢？

總之，一個人能夠替大我盡責任，才能夠創造新的價值，才能夠享受和擴大新的權利。權利的享受，只是盡責任的結果；若是不負責任，而固守個人權利，則保守愈久，權利的範圍愈小。

所以我們唯有投身於大我中，盡人生所應盡的責任，充實自我以擴張大我，乃有眞正的權利可言。不然的話，只談人權，不盡己責，國家滅亡，民族滅亡，自己也就滅亡！

12．目的與手段

在現代社會裡面，無論是中國或外國，都有一個共同的感覺，就是人與人之間，太缺少眞摯的感情，到處都是欺騙詭詐、冷酷無情的現象，簡直找不到可以互相信賴的堅實基礎。甚至親屬朋友之間，彼此心裡各懷鬼胎，不能推誠相見。一切人類社會的契約和道德規範，都只流爲紙上空談，任意的可以被破壞或背叛。國際間簽訂的條約，儘管簽訂時認爲神聖莊嚴，簽字的金筆保存起來作永久的紀念，但是簽訂以後，誰知道在什麼時候不被野心國家所撕毀，作爲字紙簍裡的廢紙？

在這種「爾虞我詐」、不講信義的社會裡，大家只知互相利用，以人爲工具，所以渾厚敦樸之風，早已蕩然無存，甚至人人感覺到四周都是敵人，務必小心提防，其如芒刺在背，寢饋難安。這種現象是何等殘酷，何等可怕！

這種慘痛可怕的現象，是如何產生的？它產生的主要原因是在什麼地方呢？原因當然很多，但我以爲最主要的卻有兩個。

第一、便是工具文明發達的影響　自從工業革命以後，人類的生活，全靠利用機器，以求滿足；人們天天所接觸的，差不多全是機器，全是可供利用的物。因此這種物的觀念，遂不知不覺的浸淫於人類的腦海。物既可以利用，爲什麼人不可以利用？於是原來用以對付物的態度和方法，就漸慚拿來對付人，把人也當做工具或手段來利用了。不知機器是無生命的，而人卻是有生命的——不但有生命，而且有理智、有感情。

老子說：「天地不仁，以萬物爲芻狗。」現在自命爲萬物之靈的人，也成爲芻狗了。拿人當做物看，本不自今日始。古時野蠻民族，就往往以人做祭神的犧牲品，所謂「釁鼓」、「釁鐘」，都是把人當做牛羊一般看待的事實。到了現在的文明社會，雖不再拿人去祭神，但因受了工具文明發達的影響，更進一步把人當做祭人，祭人的慾望的犧牲品了！

第二、便是近代政治鬥爭中運用策略的結果　政治的目的，本來在求公道。政治的天秤就是人的平衡。政治是提高人性的，不是摧殘人性的，更不是把人性變爲獸性的。但是近代的政治，卻大都成爲勾心鬥角，傾軋排擠，不擇手段，甚至以人爲工具的場合。

在政治社會裡面，有許多利用人的人，以能利用人爲得意。他往往利用別人到某一階段，等到被利用者在這階段的功用過去以後，不但把他一腳踢開，棄如敝屣，甚至於還要屠殺淨盡，方才快心。「飛鳥盡，良弓藏，狡兔死，走狗烹，敵國破，謀臣亡。」這幾句話就是近代政治殘酷性的寫照。

歷史上「韓彭菹醢」的故事，到了近代，還要多、還要厲害。我不久以前，看到一份歐洲報紙，上面畫著一幅關於蘇聯史達林的諷刺畫，畫他手裡拿了一面鏡子，一面照著自己的容顏，一面歎息道：「十月革命的人，現在只剩我一個了！」這是何等的悲哀！

因此之故，所以在政治上活動的人物，往往只有二等以下的角色，才能勉強自存。無怪十九世紀美國政治思想家穆萊（John Morley）說道：「政治場中，次好的每當首選。」更無怪有人說：「在政治上，一條直線是兩點中最遠的距離！」這又是何等深刻的諷刺！在外國選舉的時候，於投票以前，競選的人爲了得票的關係，不惜在窮街陋巷之中，抱著流鼻涕的孩子香香面孔，以求取得他母親的票。但等當選以後，誰還認識，誰還會理會這討厭的孩子？這種種的表現，都是象徵人性的墮落。政治策略！政治策略！你不知道戕害了多少生命！貽誤了多少青年！降低了多少人性！

由於這兩個重要原因，所以就必然產生了下面幾種惡果：

第一、是眞摯天性的毀滅 眞摯的天性，是人生最可寶貴的一件東西。人與人之間要能以誠相見，以眞摯相處，才能彼此信任，相安無事，而達到所謂「忘機」的境界。假如各人存著心機，則「爾虞我詐」互相猜忌，必致大家互相提防，互相警備；甚至別人眉眼一動，就疑心他有害我的意思。在這種「四面楚歌」的情形下，人生優美的靈性，便完全喪失，哪裡還會有什麼人生的樂趣？

第二、是社會團結的脆弱 社會的團結，應以個人的團結爲基礎。個人與個人團結不堅，則社會的團結便無從說起。「刑于寡妻，至于兄弟，以御于家邦。」假如在自己的夫婦兄弟之間，尚且不能互相信賴，何況對於大的社會？清算自己的骨肉，以表現忠於團體，是絕對不近人情的事，他絕不能忠實於他獻媚的團體。這與吳起殺妻求將是同樣卑劣的心理。

聽說八、九年前某省的軍人請客，客人雖少，但設筵的房間不能不預備一個最大的，因為每個客人的後面，都要站著一排各自帶來的盒子砲兵。這眞是古代「鴻門宴」的格調！我想在座的人，縱有八珍在前，難道可以吃得甘味嗎？

我們要知道社會的團結，在於互信，假如人人各懷鬼胎，存心計算，那一定會弄到「季孫之憂，不在顓臾，而在蕭牆之內」的現象。這種社會一定是不穩固的。假設有幾個人聚在一起，便要商量如何對付另外幾個人；他們對付另外幾個人的手段是有效了，然而又安知施之於他人者不會施之於自己？恐怕「尤而效之，罪又甚焉」！既有曹操之篡漢，安得不有司馬之篡曹？司馬之篡曹，可說是當然的事。這種風氣，實在是長不得的！

第三、是發生人格上不可補救的缺陷　人格是整個的、繼續的、是不容玷污的。人格一有缺陷，即不易恢復完整，悔也是來不及的。因為許多人的壞行為，往往都是由於壞習慣所養成。

習慣的力量大極了。心理學家詹姆士論習慣，引一個老虎進籠的故事爲證。一個馬戲班的老虎不幸出籠了，大家都起恐慌，無法降服，後來班主心生一計，把籠子抬在老虎面前，那老虎就俯首帖耳地走進去了。這就是所謂習慣成自然。

大凡我們人類的行爲，只要多做幾次，也會像水一樣形成一種慣流之道（channel），以後就會不知不覺的照著做。說謊的人，一次說謊，二次隨之，以後脫口而出的無一不謊。等到說謊成爲習慣，即使明知說謊是壞事，也不容易改正。習於任何詐欺虛僞的人，莫不如此。這種在人格上的損失，是不可估計的。

第四、是人生樂趣的減少以至於消滅　人生的目的，不只在求物質的享受，而且在求精神的安慰。假如四周都是敵人，處處都是荊棘，時時要小心提防，那就痛苦不堪了，還有什麼人生樂趣可言？而且自己要做壞事的人，因爲自己要用許多心計，痛苦也隨之增加。

譬如說謊的人，必須要想出一大套，以自圓其說，這已經夠苦了；一旦被人拆穿，便覺得從此不能做人或被人看不起，其痛苦更甚。

西洋人有句俗語說：「誠實是最好的政策。」（Honesty is the best policy）其實誠實並不是「政策」；如果說它是政策，或是最好的政策，那倒不如說它是最簡單的政策「Honesty is the simplest policy」它雖然是簡單，它卻是最能顛仆不破。它不但比任何巧妙的說謊還要圓滿，它更能使奉行他的人心安夢寧。它是天下之至拙，也是天下之至巧！

以上所說這些錯誤和痛苦，有沒有方法可以挽回呢？我以爲是有的，但是要從根本上對人生的意義和宇宙進化的原則，有一番新的認識和審定。

首先我們應了解人不是機械。機械是無理智、無情感的，而人卻不然——不但有理智，而且有情感。這種感情瀰漫充塞於整個宇宙，人生須靠它才能調整，才能諧和。

我們知道在化學方面，有所謂「親和力」（affinity）；在物理學方面，也有所謂「引力」（gravitation），而在人類方面，和這些相當的，便是感情。男女之間要講戀愛，乃是這種感情自然流露的一端。其實何只男女，無論任何人，相處誰不需要感情？在現代往往有一女子愛上男子，並不是爲了愛情，而是爲了多得一筆財產或遺產的事實。在國際上，還有刺探他國政治軍事祕密的男女間諜，不惜犧牲個人的色相或身體，以求情報的取得，等到取得以後，不但把對方拋棄，甚至加以殺害。這是近來不爲稀有的現象。可見感情中如果帶有手段，則衽席之間就是戈矛。不過，這些特殊的事實，終當看作例外。這是人性的墮落和變態，而不是人性的本質和正常。我相信人類終究是富有感情的。唯其富有感情，所以人才不是機械，不能當作工具利用；也唯其富有感情，所以人生才能發展、調和，以達於美滿的理想境地。

其次，我們還應明瞭宇宙進化的眞義。宇宙是不斷進化的。但這種進化，有沒有最後的止境呢？我說是沒有的。這不是我說的話，是近代科學說的話。若是有止境，才有最後的目的，才有一勞永逸的境界，才可以說到「爲目的不擇手段」（End justifies means）這句話。但是這是錯誤的，這是不合宇宙進化眞義的。

進化是無窮盡、無止境的；若是能達到最後的目的，宇宙人生的進化就停止了。停止的狀態，無論假想到如何完善，卻是如何的沈悶、如何的刻板，如何的無意義！我們應該知道目的只是我們創造的理想。無論世界上哪位偉大的哲學家，能畫得出、寫得盡一個最後理想的境界嗎？

理想不過是在某一階段中自己懸著的一個目標，好像是夜間長路上的燈籠，自己點的；前進一段，更照見一段的前程。更好像探照燈一樣，射穿一道雲層，還有一道雲層，雲層之上，還有太空。時間的書中，頁子是翻不完的。經過一個階段，又有新的理想產生。人生作不斷理想的追求，才有興味，才有樂趣。

這不是徒勞無功，這是人生在宇宙進化程序中的適應，也是實現自我價值以求滿足與進步的唯一方式。宇宙無終了，歷史也無終了。每個階段都是眞實的，所以每個階級都不容忽視，不能看作無關輕重，無本身價值的手段。

進化也不是無中生有的，不是抹煞一切的。進化就是變，不斷的變，所謂革命不過是進化途中的一個大踏步——有意識的大踏步，而並非最後的階段。

一切革命的年代，如所謂一七八九年的法國革命、一八四八年的歐洲革命、一九一七年的俄國革命，也不過是歷史學家為研究便利起見，用來表示這大踏步的符號。並不是說這個年代一過，什麼都改變了。具體一點來說，難道巴斯底監獄一陷落，法蘭西人民全都變過了嗎？不！不！歷史告訴我們許多事實不是這樣的。既然不是這樣的，則為革命可以不擇手段的話，自然不攻自破了。

從整個進化的系統來看，目的與手段是不可分的。因為在每個階段、每個人、每件事，都有他本身的價值，從進步的眼光來看——進步是依著人類所懸的理想而前進之謂——則每個人同時是目的也是手段。

因此我們人生有兩種價值：一種是工具的價值（instrumental value），一種是本身的價值（intrinsic value）。

工具的價值是我們對他人對後來說的。我們的生命、我們的事業，必須好好的過去，好好的成就，以為來日人家繼續踏步前進，發揚光大的基礎。假使我們倒在半路死了，我們的白骨也為後來者在前進的路上，當一塊踏腳的石板。

本身的價值是我們對自己的認定。就是我們把自己當作前進途中的一塊石板，這塊石板也要完整、堅實、美麗，完成它石板的本性。假如我們是演戲，那我們演的便是義務戲，不問賣的票多少，自己有無收入，我們總得賣盡氣力去演。唯有在這演戲的藝術裡，我們可以表現自己的天才，尋著自己的樂趣。

工具的價值是我們對於人類貢獻時的服務態度，本身的價值是自己的自尊和對於他人的尊重。兩種價值的估計，缺一不可。自己把自己當作單純的工具，未免把自己的人生看得太輕了。自己把人家看作工具，那好像三國演義上酒醉後的典章，一手抓一個小兵，飛舞似的來當武器，豈不太殘酷嗎？

所以我們最不能、也不應，把人當工具、當手段。不把人當工具，所以才有教育，才有教育的可能。不然，拿人當機械——機械是最完整的工具——看待，世界上哪有教機械的教育？

教育要注重引導被教育者自己去發揮本身的優點。此正所謂「萬物皆備於我矣，反身而誠」的意思。在德文裡面，教育稱爲Erziehung也帶著「引出」或「拉出」的意義。這便是承認被教育的人是有本身的價值的；否則教育就不會有意義、有效果。

教育的對象就是生命；教育的目的就在發展人類的生力、智慧與人格，以引發他生命內潛的價值，使其同時在整個宇宙之中，與其他部分相和諧、謀共進。所以教育不是準備生命的，教育本身也就是生命。

康德說：「我們要以人爲目的，不以爲手段。」這固然是教育裡顚仆不破的格言，同時也是現在機詐殘酷的政治社會中所一刻不能忘記的眞理。

13・創造與佔有

沒有創造的精神，人類與一般的生物何異？沒有創造的能力與成就，人類哪有光榮的生存？

沒有創造，何從去佔有？他人去創造而自己去佔有，就是偷盜的行爲。不創造而佔有的生活是寄生蟲的生活；他不但消耗他人創造的結果，而且蠹蝕整個社會創造的力量。

創造慾（creative impulse）與佔有慾（possessive impulse）本來是並存在人性中的兩種力量。前者發展則社會前進，後者發展則社會衰落。這是歷史的公例。前者的發展，造就不少燦爛光輝的事實；不然人類何以有今天？但是後者的發展，比前者更容易；世界上有比「不勞而獲」更能引誘人的事嗎？況且力量的動向，常是朝著抵抗最少的方面去，這是科學家能證明給我們看的話。

創造靠天才，也靠流汗。大發明家愛迪生（Thomas Alva Edison）說：「天才的成就，百分之五靠興到神來（inspirations），百分之九十五靠汗流浹背（perspiration）。」這是經驗之談。流汗不過是形容勞苦的一個名詞，其實何只流汗，還要絞盡腦汁、嘔心血。

在古代奴隸制度之下，一個人佔有成隊的「人形的財產」爲其工作，這是何等可驕傲的事。在封建社會裡，多少的農奴、多少的佃戶，來完糧納稅，供私人的享受；諸侯地主居住在宮殿似的堡壘或是大廈之中，間或出來打圍射獵，以資消遣，也是十分的舒適。

自從工業革命以後西洋的資本比較集中都市，於是漸漸演化到金融資本主義的社會。金錢本來是交易的媒介，也是運用作建設事業的工具，至此乃變爲取得大量享受，滿足佔有慾望的唯一爭奪品。

交易市場的股票流通，造成了許多「不見面的東家」（absentee ownership）。在紐約的人可以操縱倫敦的市場，在倫敦的人可以買印度的棉花。一個電話可以買進一個工廠的所有權，而不需要自己管理。遠處千萬勞工的血汗，他可以在海邊避暑的別墅裡享受。於是聚積財富（accumulation of wealth），成爲一種賭博、一種打圍、一種達到豪華的捷徑。他可以不顧人類的幸福，不顧國家社會的需要，而以純粹個人謀利爲目的。

這種制度的流弊，一可以大量浪費人力的資源；二可以普遍的使可能創造的人，道德趨於墮落；三可使青年的想像弄得俗不可耐（Vulgarization of youthful imaginations）。尤其是第二、第三兩種流弊，從人生哲學的觀點上來看，是最可痛心的事。

這種制度可以稱爲「謀利動機的制度」（profit motive system）。大家注意的就是所謂「成功」（success），而成功的意義就是得到。（Success is to get）得到一點是一點，得到愈多社會愈看得起你。

在西洋還是從私人的企業裡去「得到」；在私人企業不發達的中國，於是爭向公家的財產裡求「得到」。一朝權在手，便把公家的金錢器物來揮霍、來侵佔；其慷慨豪華的程度，遠過於使用個人財產的百倍千倍。

就是在抗戰時期，儘管前線流血，而後方仍發現不少這種情形。經手公家的錢不撈摸幾個，彷彿是傻子，是對於自己的不道德！這是何等可以痛心！爲公家購置而得回扣的事，不斷的有。像是旅館的茶房一樣，一定是要小賬的。這種人、這種現象，德文稱之爲Trinkgelder，英文稱之爲Tipping system，中文正可稱爲「小帳制度」，以高視闊步、白晝驕人的公務員，其品格降至通常的茶房，甚至茶房之不若，（茶房如此，乃是由於積習，其實茶房之中，自有品格比他們高的人。）這又是何等的可恥！

世界上有專佔有而不創造的人。我現在舉一個極端而有趣的例子，就是格林夫人（Mrs. Ohetty Green, 1825～1906）。她於八十一歲在紐約死的時候，確定的遺產在一千三百鎊英金以上，據說還另有半數不曾知道。她是愛錢的祖母，也是弄錢的天才。她是英國人，年輕時一遊紐約，就從事購買股票。她一個人提了一個破舊的皮袋進交易市場，可以使世界金融中心裡的人變色。她有「億則屢中」的本領。她若要打倒和她競爭的對手方，她一定可以打倒。她和感情很好的丈夫離異，因爲她雖很愛她的丈夫，但她更愛錢。她良心疼愛的兒子，只是因爲醫生索價較高的緣故，她情願兒子陷於殘廢，而耽誤了醫治的時間。冬天裡，她因爲節省，不買內衣而穿報紙。她住很壞的房子，而且經常搬，因爲要逃避租稅。像這樣的情形，她自然不會投任何資本在建設事業方面，連慈善事業上也一毛不拔。

這眞是一個奇怪的動物！她不足爲奇，所奇怪的是，怎麼會有這種社會制度，能允許這麼多財富在這樣一個人的手裡？

但是世上也有同時創造同時佔有的人，佔有或者是福特（Henry Ford）創造性的副產品，因爲他創造的主要動機，絕不是爲錢，而是爲創造。他創造動機而外所餘的，與其說是佔有慾，還不如說是支配慾。

他以貧苦起家，他有他的人生觀，他有極少的幾個意見，而以全力去實行。他主張經濟時間、經濟人力、經濟物力。凡是可以達到目的的，他不惜工本、不惜精力去做。他最初要爲農人發明機械的耕具，繼續就要爲農人，甚至於一般人，解決運輸的困難；總之，他要爲他們節省勞力，把最流汗的工作給機器去做。

他不但要發明，而且要大衆有力量能享受他的發明。他致力於能利用公路的運輸機器，遂於一八九三年造成了第一輛汽車，零件是廢鐵做的，輪子是腳踏車的輪子改造的，並且毫無散熱的裝備，但是他駕著走了一千英里以後，還賣了二百元美金。有了這個成績以後，他不斷的改進，不只要他的汽車造得好，還要賣得便宜。

他的目的是要每一個美國人能有一部汽車，（現在已經平均三個人有一輛。）爲了要賣得便宜，於是他和以營利爲目的、眼光淺短的股東意見不合，他脫離了他創設的底特律汽車公司（Detroit Automobile Company），而建立了福特汽車公司（Ford Motor Company）。雖然當初的資本不夠，他卻可以爲所欲爲，實行他的主張。

他因爲要經濟人力，使人盡其才，於是他改進了許多機器，讓瞎的、聾的、手足殘廢的人一樣可以工作。他們不但因此有職業，而且他覺得他們的工作由於專心的緣故，特別使人滿意。他應付世界經濟的不景氣，不是減工資而是加工資，從增加工人的購買力上謀繁榮的恢復。縱然只有他一家大膽這樣幹，他也願意做榜樣。

在上次大戰時候，他大規模的加造Model T.機器耕犁，到一九三一年已經銷了一千五百萬架。無論你贊成或反對他，但是他幫助美國完成了運輸革命，幫助英美和他國的農人減少了痛苦，實行了農業的機械化。他有他獨出心裁的一套，確是與普通資本主義的辦法不同。他遺囑把他全部遺產五萬萬美元的每一分錢，都用在「人類福利」上面，設立福特基金委員會處理。這種精神尤其可佩。

做《世界史綱》的威爾斯是傾向社會主義而絕不會爲資本家捧場的人。他論福特的時候說：「他的心靈是爲建設的動機所主宰，爲發明的慾望所統治；他心裡所有的發明，是要減少人類勞力的發明。」他又說：「不差的，反對金錢動機的價値，他是一個最顯著的證人。」（見H.G. Wells: The Work, Wealth and Happiness of Mankind.）至於他認爲做人要把握少數意見，而以全力赴之的主張，我覺得很有人生哲學的意義。

義大利哲學家克羅斯（Croce）批評現代的青年，說他們有許多的觀念而沒有一個觀念。是的，有許多的觀念，天天三心二意，沒有一個中心觀念以作主宰，是會弄到一事無成的。

若是福特這個例子尙有爭論餘地的話（因爲他反對羅斯福新政以來，在美國已有爭論），有一個人他創造的動機是不會有人懷疑的。他也佔有，但是他絕對是爲創造而佔有。這個人就是人類都受他福利的愛迪生（Thomas A. Edison, 1847～

1931）。他是一個實際的天才。他的發明專利權有一千五百種。其中有許多是在他成功以後，由他指導監督，經他的實驗室裡的研究助手共同發明的；但是主要的，對於人類最有貢獻的發明，無疑義的是他天才的創造。

有人說他無所依附的發明，只是留聲機，其餘同時都多少有點簡單的雛形，由他改造；然而文化的社會學家可以告訴我們，就是許多純粹理論的發明，同時也有相似的創作；這何足爲病？他把許多純粹的理論應用到實際問題上去，把許多可能發達的觀念和事物，來重行實驗和另圖改進。他應用的天才、改造的本領，實爲人類所少有。

近代的電燈、電影、播音機、電車、蓄電池等等，不是由他創始，就是由他完成。電話之有今天，其中不少是他的貢獻。水泥由他而成爲建築上應用的材料。西文的打字機，由他改進而能合於實用。複印機由他創製。他對於新式發電機、變壓器的改進與完成，在工業上有絕大的效用。

上次大戰的時候，他對於美國海軍部貢獻了三十九種發明，一個自動的會場投票數票機。這個很適用的裝置，竟被國會拒絕採用，因爲數得太準確了！

他的特性是能把最精彩的實驗工作，變成工業上和商業上最大的成功。

他同時是組織的天才。他的事業經營，有很科學的組織，散布各處。他的發明不只使他的實驗室、工廠裡多少人有工作，而且爲世界上千萬人創造職業；至於蒙其發明利益的群衆之廣——如因電燈而保全目力的人，即其一端——更不消說了。

但是他這種爲發明而奮鬥的經過，是一部可泣可歌的傳記。他是貧苦出身，僅受過三個月的學校教育；他做過火車上送報的孩子，開過蔬菜小店，當過電報公司的發電生。他每做一件事，都留一點創造的跡象。

他於潦倒的時候，就發明了一種一根線上雙方傳報的方法，爲太平洋電報公司所採用，賺了許多錢，但對於發明者卻毫無報酬。這種事，他生平遇著不只一次。後來他在紐約黃金報告公司得了一個電報技術員的職位，才開始得到較豐的薪水，儲作開辦泊普愛迪生股份公司（Pope Edison Co.）的資本。四年之內盈餘五十萬美金，他方才有力量正式建造他的實驗室、實驗工廠和圖書室。

他不斷的發明，於是成爲有源之水，涓涓的流出。他的發明後來都是由自己的工廠製造；因爲現在謀利動機支配的制度之下，許多公司買下發明家專利權，置之高閣，因爲怕別家買去，奪他們的財源。他們自己爲成本關係，卻又因循不改。這種阻塞人類進步的現象，習見不鮮（J.D. Bernal The: Social Function of Science, 1939）。所以愛迪生有可以自己製造的能力，也是促成進步的因素。威爾斯說他：「這個人做他的工作，如爲任何動機，但是絕非爲金錢的動機；不只如此，他的工作並受到專門弄錢的人所阻礙。」他若是爲錢去工作，只因爲「他是被逼了去弄錢的創造者。」他創造的精力是無限的、是不疲倦的。

創造慾和自動電流一樣，在內心不斷的推動他。他發明的機器轉動的時間很準確，但是時間在他做實驗的時候，卻毫無意義，因爲他實驗室的掛鐘是只有鐘面而無長短針的。跟他做工作的人，或是受他感動，或是對他有英雄崇拜心理，或是對工作不可停止的興趣，也是和他一般英勇的苦幹。這是很可使人，尤其是青年興奮的一個榜樣。

我們不要只看見女子之中，出了個古怪的格林夫人。女子之中有一個是專爲創造而毫無佔有的大科學家——居禮夫人（Madarne Marie Sklodowska Curie, 1867～1935），鐳的共同發現家，鐳性放射科學的建立者。

她的丈夫彼耶居禮（Pierre Curie, 1859～1906）是巴黎工業專科大學的教授。他們的生活都是很清苦的。他們在清苦的生活狀況之下，簡單不很完備的實驗室裡，共同發現了化學的新原素「鐳」（Radinm）。它不是一件普通的發現；它不只影響化學，而且影響物理學。

根據克魯克斯（Crookes）、倫第根（Rontgen）與伯克瑞（Becquerel）的學理與發現，他們建設了鐳性發射原理（principle of radioactivity），爲近代物理學的一個重要部分。這部分對於原子構造學說的貢獻，可以改變人類的宇宙觀，改變傳統的唯心唯物的哲學理論，雖然現在的人還不十分覺得。他對於實際應用上的價值，現在還不曾儘量發現。即就生理化學和醫學治療上來講，他不知給世界患疾病痛苦的人以多少福利。

居禮夫人於丈夫死後還辛苦研究了將近三十年。但是這樣一位發現鐳的大科學家，自己沒有一點鐳。大戰以後她去美國一次；當時美國的婦女爲了尊崇她、同情她，捐了一筆鉅款（大約一百萬美金）買了一個格蘭姆的鐳，贈獻給她。她們在附著這件名貴禮物的贈獻書上，寫明是送她個人的。她以爲不對，要他們改送給鐳性研究所，將來爲法國學術界的公產。當時我正在美國，看了這件事非常感動。居禮夫人死了，她是清高的、清苦的結束了她有大功於人類的生命！

我舉以上幾個顯著的例子，雖然敘述不免較長，但是可以使大家對於創造和佔有兩方面的典型人物之中，有所選擇。就人生哲學方面來講，我們要如何發展人類的創造慾而減少佔有慾。就制度方面來講，國家要如何調整乃至改造社會制度，尤其是經濟制度，使有創造能力的人能夠充分創造、合作創造；使有佔有慾的人把佔有慾轉移方向，得著代替，不能而且不必從事於私人的佔有。讓大家「人自爲戰」的去幹，不但是不對的，而且埋沒許多天才，阻礙社會進步。

一個人要有不愁穿吃的相當資財（moderate means of living），才能安心創造，或是進一步能有獨立的思想，就是柏拉圖在共和國裡，也是如此主張。「簞食瓢飲」，「曲肱而枕之」的生活，只能希望於顏回，然而歷史上有幾個顏回！況且如愛迪生的創造工作，在顏回的生活方式之下是不行的。

我們否認物質是人生唯一的條件，但是我們承認物質是人生的重要條件之一。

從個人道德上說，我們希望個人有顏回安貧樂道的高風；從政治立場上說，斷不能希望人人做顏回。

所以如何重行安排社會經濟的秩序，使人人各盡其才，各得安生之道，是近代政治上一個最困難而最基本的問題。就是福特增加工資，救濟殘廢的工作，也斷不能靠一個特殊的個人去做，而要政府能通盤籌算，整個的擔負起來。因爲現在資本主義的社會裡，「有」（have's）與「沒有」（have-not's）的階級分別，太刺眼了。「有錢的階級」，就是「有閒的階級」。就是韋勃倫（Veblen）所說的leisure class，並且利用他有閒去作惡、去做壞事。利益是他們享的，租稅的責任卻是很巧妙的轉移到大衆身上去。尤其一般「新富」（nouveau riche）鄙俗的豪華，可與「新貴」媲美。乃至有理想的青年，看見他們的榜樣，理想也就隨著沈淪。他們不勞而獲的懶惰生活，毀了他們的創造慾。他們的把持，有時簡言阻礙創造的發展。

爲了解決和調整貧富問題，經濟學、政治學裡不知道產生了多少派的學說。就是所謂社會主義裡也不知道有多少派別。他們各有特殊的注重之點，但是他們常有一種共同的忽視之點，就是他們太注重經濟學上的解決方式，而忽視了社會上的因素，如生物的遺傳、習慣的改變、教育的功能等等，都不曾在他們考慮時得到相當的位置。

這問題太複雜，把它當純經濟來看，未免過於簡單。譬如蕭伯納先生（George Bernard Shaw）認爲若能將各人的收入一律平均，工作時間也一律減少，大家有閒工夫聽了燕語鶯啼，創造的工作就會出來。這是很美麗的想像。不說別的，他至少忘記了生物學上遺傳的作用，能使人有智愚賢不肖的分別。

如蘇聯的史達林主義，是大規模的強迫工作制度。國家是唯一的雇主，而且是有武力強迫人工作的雇主。照共產主義最高的原則，應該是「各盡所能，各取所需」，但是蘇聯實行的還是「各盡所能，各取所值」。不特史達林關於幾次五年計畫的演說可以證明，而且現在蘇聯普通工人工資的差別，可以到幾十倍，若與被捧的文學家、藝術家的收入相比，甚至差到幾百倍，也就是事實的證明。各個人所達到的享受階段自然都有不同。

蘇聯自一九四〇年四月一日、六日、十一日、十六日和十月二十七日幾次頒布關於限制農工的重要法令開始實行，改變了史達林憲法以後，工人絕對不能自由選擇工廠與工作，農人不能自由選擇和離開農場。當政的人公開的說要做到「士之子恆爲士，農之子恆爲農」的地步。他們曾引以自豪的自由免費教育，也於一九四〇年十月三日命令廢止，於是每月收入二百盧布的工人，更無力爲一個子女繳納一年一百五十至二百盧布的小學學費，三百至五百盧布的中學和大學學費。於是農之子要不爲農亦不可得。

蘇聯又常採取名譽獎勵制，定爲某界「英雄」，這是當政者看清楚人性的弱點不是爲利就是爲名。唯物史觀的利不足以維繫，於是用名來維繫。「三代以下惟恐不好名」，現代操縱群衆的人，想是來深深玩味過這句話吧！

又如另一派盛行的主張，是以興辦大規模的公共建設事業，來解決失業問題，也就是以變相的方式，徵取有錢人的財富，來調劑無收入的窮人。執行的程度如何不可知，羅斯福卻是曾執行這種主張的一個人。當然有人批評這並不是徹底的辦法，但是在骨子裡這是表現一種社會集體購買制度（community buying）的新趨勢。因爲近代的經濟制度太注重「大量生產」（mass production），而不很注重「大量消費」（mass consumption），所以經濟恐慌，常是不免。

「若是沒有富了就沒有貧，這理論是不健全的。」「相信貧者之所以貧，乃由於富者將其所有奪去了，這種結論未免過於匆促。」「貧者也不是一個階級，貧者除購買力不足一點為其所共同外，其餘相同之點很少，與其說是階級，無寧說是雜湊。」威爾斯這幾句話，是值得細心研究的。

所以要解決這問題，應當把人口問題、優生問題、原料問題、產量問題、運輸問題、風俗習慣問題、教育問題以及國際組織等問題，一齊考量進去。將來我們不但要有計畫經濟，而且要有計畫社會。

關於上述的制度問題，要國家整個的去解決，不屬於人生哲學範圍以內。若是討論起來，應該另寫專書。現在我們所注意的，乃是我們對於創造和佔有這兩種現象的道德判斷，也就是我們的人生態度。

這判斷是清楚的，這態度是正確的，就是：

（一）創造是人類天才最高的發揮；

（二）我們要有而不佔，我們的有是為創造而有；

（三）我們的有只能以適合於簡單高尚的生活為限，斷不能建築自己的快樂在人家的痛苦上。

摩西十誡的第八誡說：「你不能偷盜」。但是這是負面的話，不偷盜的不見得就是有益社會的人。我們應當正面的說：「我們要流汗，我們才能吃！」至於不勞而獲，就是偷盜。

「及其老也，血氣既衰，戒之在得。」這是孔子的遺教。其實戒之在得的，豈只是血氣既衰的老人。在現在，戒之在得的，應當是春秋鼎盛的青年和中年。

哲學家羅素已往對於中國人是同情的。然而他論中國人性格（見The problem of China）的時候，卻提出我們民族三個缺點，就是一貧、二怯、三殘忍。

貧是我們看見普遍的現象。我們以前對外國人說話客氣的時候，自稱我國爲「敝國」，其實這「敝」字應當改爲「弊」字。但是作弊是因爲愛錢來的，「錢可通神」，我們中國人眞知道錢的妙用，所以死後還要子孫燒紙錢，燒金銀錠以賄賂鬼門關的守卒！這不是一件小事，這是代表一種社會心理。

羅素那本書寫在軍閥混戰的時期，所以他很幽默的讚揚當時的軍人，說他們的美德是愛錢過於愛權，因此中國的內戰打不久。到了主帥要動老本的時候，他的部下也被對方買過去了。於是當時有人說岳武穆「文官不愛錢，武官不怕死，則天下太平。」這句名言，應當改動一下，改作「武官不愛錢，文官不怕死，則天下太平。」這話很幽默，也很深刻。但文官不怕死就夠了嗎？中國不有「要錢不要命」這句成語嗎？我不是來和大家引諷刺話，我鄭重引左傳裡幾句名貴的教訓道：「國家之敗，由官邪也；官之失德，寵賂章也。」

將來中國一定走到重要的經濟事業由國家經營的這條路上去。但是國營事業前途最大的困難，就是經營的人的操守問題，也就是人格問題。以前招商局的腐敗情形，實在把國民在心理上弄得害怕了。我們希望這覆轍是不會再蹈的。此中固有監督制度等問題，但是這種人生態度問題，也得同時轉變過來。蔡孑民先生說：「必須一介不取，一介不予的人，方可以談共產。」我們可以因襲蔡先生的話說：「一介不取，一介不予的人，方可以辦國營事業。」

老派經濟學爲私有財產辯護的話甚多，其中有一個理由，在事實上很難得駁倒的，就是私人經營的事業之中，最富於創造進取的動機（incentive），因爲這財產是他自己的，所以他總是想種種方法，以謀改進。

「視公如私」的人，不幸實在太少。但是自私就是社會進步的唯一的動力嗎？我不敢相信。我認爲這裡面有很大的人生問題，也就是教育問題，不僅有關學校教育，而且更有關社會教育。因爲社會的風氣，就是一種很有力量的教育。

我是不贊成黃老哲學的人，我卻極佩服老子「生而不有，爲而不恃，長而不宰」主張。（羅素所用譯文爲：**Production without possession, action without self-assertion, development without domination**。尤爲清晰動人。）此中有極精深的道理。我更不能忘記禮運大同篇表現最高的社會理想，也是最理想的社會的兩句話：「貨，惡其棄於地也，不必藏諸己；力，惡其不出於身也，不必爲己。」

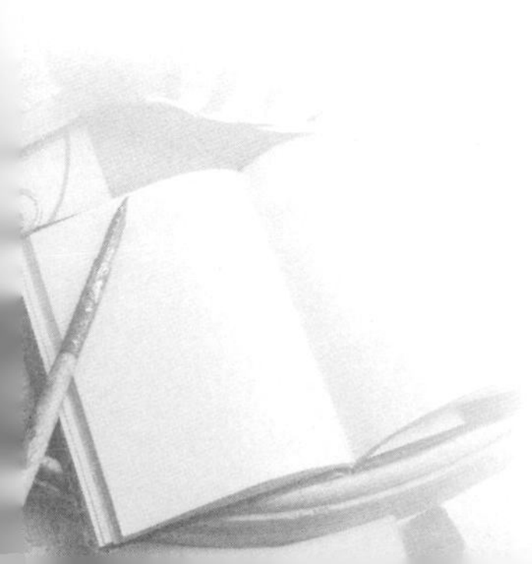

14・學問與智慧

學問（learning）與智慧（wisdom），有顯然的區別。學問是知識的聚集（accumulation of knowledge），是一種滋養人生的原料，而智慧卻是陶冶這原料的鎔爐。學問好比是鐵，而智慧是煉鋼的電火。學問是寸積銖累而來的，常是各有疆域獨自爲政的。他可吸收人生的興趣，但是他本身卻是人生的工具。智慧是一種透視、一種反想、一種遠瞻；他是人生含蘊的一種放射性；他是從人生深處發出來的，同時他可以燭照人生的前途。

有人以爲學問就是智慧，其實有學問的人，何曾都有智慧？世界上有不少學問淵博的人，而食古不化，食今亦不化，不知融會貫通，舉一不能反三，終身都跳不出書本的圈子，實在說不上「智慧」二字。這種人西洋便叫做「有學問的笨伯」

（a learned fool），在中國便可稱為「兩腳書櫥」或「冬烘先生」。

反過來說，有智慧的人也不見得都很有學問。有一種人，讀書雖然不多，但他對於人情事理，都很通達，憑藉經驗，運用心得，「官知止而神欲行，依乎天理，批大郤，導大窾。」這種的人，你能說他沒有智慧嗎？

學問是不能離開智慧的，沒有智慧的學問，便是死學問。有許多人從事研究工作，蒐集了很多材料，但往往矻矻窮年，找不到問題的中心，得不到任何的結果，縱有結果，亦復無關宏旨——這便是由於沒有智慧。

而有智慧的人則不然，他縱然研究一個極小的問題，但卻能探驪得珠，找到核心所在；其問題雖小，而其映射的範圍，卻往往甚大。

譬如孟德爾（Mendel）研究豆子的交配，居然悟出遺傳定律，奠下了遺傳學和優生學的基礎，就是一個例子。

再說進化論的創立者達爾文。在達爾文以前，何曾沒有富於學問的生物學家，看見過海邊的蚌殼、山中的化石、類人的猩猿、初民的種族？何以不能發明物競天擇，是最適者存的天演公例？等達爾文發明以後，於是赫胥黎慨然嘆曰：「這個道理，傻子都應該知道，為什麼我以前不知道？」於是他奮身而為達爾文的「牛頭狗」（bulldog）為他張目。

當代的物理學家愛因斯坦有人稱他為牛頓後第一人。他的「相對論」是科學裡一個稀有的創獲。但是他自己卻對人說：「我的發明其實很簡單，只是你們不看見罷了！」他能看見別人所看不見的，便是他的智慧過人之處。

世間不但有缺乏智慧的人，而且也有缺少智慧的書。我們可以把書分為兩大類：一類是有智慧的，一類是無智慧的。有智慧的書，是每字每句，都和珠玉似的晶瑩，斧鑿般的犀銳，可以啓發人的心靈，開闢人的思想，有時可以引申成一篇論文，或成一本專書。這就是英文中所謂「燦爛的書」（brilliant book）。無智慧的書，往往材料堆積得和蟻丘一樣，議論雖多，見解毫無。縱然可以從它得報導，卻不可從它得啓示，在著者是「博而寡約」，在讀者是「勞而無功」。這就是英文中所謂「晦塞的書」（dull book）。然而這類的書多極了，讀者要不浪費時間，就不能不精為選擇。須知著書固要智慧，讀書也要智慧。「讀書得間」，就是智慧的表現。「鞭辟入裡」、「豁然貫通」，都不是容易的事。若是像諷誦高頭講章的讀法，則雖「讀破五車」，有何用處？

學問固然不能離開智慧，同時智慧也不能離開學問。有學問的人，雖然不一定就有智慧，正和有智慧的人不一定有很深的學問一樣，但是，智慧卻必須以學問作基礎，才靠得住。戴東原說：「且一以自然爲宗而廢學問，其心之知覺有止，不復日益，差謬之多，不求不思，終其身而自尊大，是以聖賢惡其害道也。」正是這個道理。

無學問的智慧，只是浮光掠影，瞬起瞬滅的。好像肥皀泡一樣，儘管可以五光十色，但是一觸即破。唯有從學問中產生出來的智慧，才不是浮光，可以透過雲層，照射到青空的境地。唯有從學問中鍛鍊出來的智慧，才不是幻滅的肥皀泡；永遠像珍珠泉的泉水一般，一串串不斷從水底上湧。也唯有這種有根柢的智慧，才最靠得住，最爲精徹，最可寶貴。

若把學問譬作建築材料，那智慧便是建築師的匠心。有木、有石，甚至有水泥鋼骨，絕不能成爲房子；就是懂得材料力學、結構原理，也只可以造成普適應用的房子，而絕不能造成莊嚴壯麗的羅馬聖彼得（St. Peter's）教室或巴黎聖母院

（Notre Dame）教堂。這種絕代的美術作品是要靠藝術家的匠心的。但是材料愈能應手，匠心愈能發揮；構造的原理愈進步，藝術家愈能推陳出新。材料與技術對於作風的影響，整個的美術史，尤其是建築史，都可以證明。

所以學問與智慧是相輔爲用，缺一不可的。我們不但需要學問，而且更需要智慧——需要以智慧去籠罩學問、透視學問、運用學問。

學問應如何去尋求？智慧又如何去濬瀹？更應如何以智慧去籠罩、透視，並運用學問？這是思想方法的問題。思想不是空想不是幻想，而是嚴格紀律的一種意識的訓練。

思想當然不是別人所教得來的；沒有思想的人，別人不能勉強他有思想，正如西洋古語所說：「你能引馬就水，但不能叫馬喝水。」（You can lead a horse to water, but you can not make him drink）。然而思想是可以啓發的。教育的最大功用，就是啓發人的思想。所謂「不憤不啓，不悱不發」，就是承認思想有啓發的可能。思想應如何去啓發呢？當然非有訓練思想的方法不可。我現在先提出中西兩大哲人關於訓練思想的指示來。

中國的孔子講學問，曾提：「毋意，毋必，毋固，毋我」四個戒條。無論經學家如何詮譯，我們拿近代思想方法眼光來看，可以得到一種新的領悟。

「毋意」可以釋作不可凡事以意爲之。沒有根據先有論斷是要不得的。這就是成見（prejudice），成見與科學探討的精神不相容。「毋必」是不可武斷（dogmatic）。武斷是虛心的反面，往往以不完備的知識、不合的見解，據爲定論。「毋固」是不可固執（obstinate）的拘泥膠著，拒絕新的事物、新的假定。鑽人樊籠而不自解，鑽人牛角尖裡而不自拔。「毋我」是不可以自己爲中心，以自我爲出發點（ego-centric predicament），妄自尊大，正是所謂我執。這種胸有所蔽的看法，在邏輯上不能允許，在認識上也不能容。必須破除以上各蔽，乃能清明在躬，洞燭萬物。必須如此，才能濬瀹智慧。必須如此，才能役萬物而不爲萬物所役。爲學求知應當如此，就是人生修養也應當如此。

近代西洋的大思想家培根（Francis Bacon），在他所著的《學問的進展》（The Advancement of Learning）一書中，討論思想錯誤的原因，可說精闢極了。康德拉（Condillac）曾說：「世人了解思想錯誤的原因者，莫過於培根。」培根以爲人類思想的錯誤，乃是由於有四種偶像（idols）。這種偶像，佛家稱爲「執」，我們稱爲「蔽」。

第一、是「部落的偶像」（idols of the tribe），可稱「觀感之蔽」 就是說對於一個問題，先按照自己的意見決定好了，然後才去尋找經驗，再把經驗團捏揉搓得和自己的意思相合。這無異手提著一個蠟人再向他問路。這是一般人最容易犯的錯誤。

現在有些大學生做論文，往往先有了結論，然後去找材料，好像藥店裡打好了裝藥的抽屜，安放得整整齊齊，再待把藥材分別塡塡塞塞進去，就算完事。他不是從材料逐步尋求眞理，乃是把他的所謂眞理去配合材料。這種工作，是白費的。

第二、是「山洞的偶像」（idols of the cave），可稱「自我之蔽」 這與個人性格有關係。每個人因爲他性之所近，常常在意識裡形成他的一個所謂「洞」或「窠」。這種「洞」或「窠」，常把自然的光線屈折或遮蔽了，於是一個人就像戴上顏色眼鏡；帶了藍色眼鏡，便說一切是藍；帶了黑色眼鏡，便說一切是黑。結果是非不明，黑白不分。這種「洞」，人的思想一跌進去，便是不容易爬出來的。

第三、是「市場的偶像」（idols of the market）**，可稱「語言之蔽」** 這是從人與人的接觸之中而生的。人與人相接觸時，不得不用語言來交換意思，但是語言所交換的字句，常以群衆所了解者爲準，所以字意常不確定或不完備，而眞理遂被湮沒。人類思想的錯誤很多是由此而來。

邏輯最重要的目的，就是確定每個字的意義，而使其有一定的內容，以免「失之毫釐，謬以千里。」政治煽動家說的話，大都是極漂亮而動聽的，但是仔細分析起來，有幾句是確定可靠的？莊子說「言隱於榮華」，其實這種語言是和無花果樹一樣，以他的葉子隱蓋著他無花的羞辱。

第四、是「戲院的偶像」（idols of the theatre）**，可稱「學統之蔽」** 人類有些思想上的錯誤，是由於傳統的信條或對事實錯誤的證明而來。古今以來各種派別的哲學系統，往往不啻是戲臺上一幕一幕的戲劇，各人憑其主觀的想像而編成的。如果有人墮入彀中，深信不疑，便很容易固執偏見，抹煞其他。中國過去的學派之爭，如所謂朱陸異同的聚訟，都於不知不覺中犯了這個毛病。

我們根據這兩位哲人的指示，就可知道要訓練思想，必須注意以下幾點：

第一、是去蔽　去蔽是訓練思想的第一先決條件。必須能夠去蔽，然後才能透視一切，大澈大悟，達到智慧最高的境界。

必須去掉孔子所謂「意」、「必」、「固」、「我」，必須去掉培根的所謂四種偶像，然後才可有虛明豁達的心胸，接受一切的眞理。否則陰翳在心，障礙在目，欲求眞理，眞理愈遠。

荀子有解蔽篇，說得很痛快。他說：「墨子蔽於用而不知文，宋子蔽於欲而不知得，愼子蔽於法而不知賢，申子蔽於埶而不知知，惠子蔽於辭而不知實，莊子蔽於天而不知人。此數具者，皆道之一隅也。夫道者體常而盡變，一隅不足以舉之。然則虛也者請毋若數子之蔽於已臧之一隅，而害所將受之道也。」我們要知道智慧所燭照的，絕不僅是道之一隅！

第二、是分析　分析可分兩部分講：一是事物的分析。宇宙的萬象，交互錯綜，複雜極了，要全部加以研究，自爲事實所不許可。所以生物學家只抽出一部分有生命的現象來研究，地質學家只抽出一部分無生命的現象來研究。這便是以類別來分析的辦法。二是觀念的分析。譬如語言文字所包含的意義，若要論事窮理便非先弄清楚不可。不然，就生許多誤解、許多枝節、許多爭論。哲學爭論之中，尤多文字涵義之爭。從前黃遠生先生有一篇文章，叫《籠統爲國民之公敵》。這「籠統」二字，是中國人思想上最大的痛根，不知誤了我們多少事。我們要國民有清晰的思想，非把許多語言文字裡所包含的觀念，先行「刮垢磨光」一番不可。

第三、是綜合　綜合就是將分析所得的結果，組織成一個完整的系統。綜合的最大目的，就是在求思想的經濟（economy of thought）。科學的公式，必須能以簡馭繁，就是要用最簡單的公式，解釋和駕馭許多繁複的現象。

無綜合頭腦的人常覺得宇宙的萬事萬物，不是各不相關，就是紊絲一團；而在有綜合頭腦的人看來，則覺得處處關連，頭頭是道，可以從中找出一個整齊的頭緒，美麗的系統。

第四、是遠瞻　講藝術要注意遠景，講科學何獨不然？從事科學工作的人，因爲研究專門的東西，最容易囿於一個狹小的範圍，而把大者、遠者反遺忘了。專家的定義是「一個人在最小的範圍以內，知道最多的東西。」所以專靠專家來謀國，是會誤大事的。

蔣百里先生在他的《日本人》中，形容日本見樹木而不見森林的情形，有一段話最足發人深省。他說：「日本人很能研究外國情形，有許多祕密的知識，比外國人自己還要豐富。但正因爲過於細密之故，倒把大的、普通的忘記了。譬如日本人研究印度，比任何國人都詳細，他很羨慕英國的獲得印度，但他忘記了英國人對印度的統治，是在大家沒有注意時用三百年的工夫才能完成。而日本卻想在列強之下三十年內要成功。日本人又研究中國個人人物。他們的傳記與行動，他很有興味的記得，但他忘記了中國地理的統一性與文字的普遍性，而想用武力來改變五千年歷史的力量，將中國分裂。他又羨慕新興的義大利與德國，開口統制，閉口法西斯，但他忘記了他無從產生一個首領。」

這一段話，我不厭其詳的寫下來，是因爲他不但是給日本人一頓嚴厲的教訓，也有可供我們深思之處。我們所有理想的科學家與思想家，不應鑽在牛角尖裡，而應站在瞭望台上！

以上四點，都是值得每個研究社會或自然科學的人加以深切注意的。黃梨洲說：「無速見之慧」，智慧是要努力才能濬瀹的。我們要努力求學問，我們更要努力求智慧！唐人高駢有一首詩道：「煉汞燒鉛四十年，至今猶在藥爐前；不知子晉緣何事，只學吹簫便得仙！」這是一首很有哲學意味的詩。

哲學最早的定義，就是「愛智」，也就是對於智慧的追求（pursuit of wisdom）。它對於宇宙和人生是要看整個的，不是看局部的；對於歷史是要看全體的，不是看片段的。一時的便宜，可以釀成終久的吃虧。窮兵黷武的野心家可以造成無數戰場的勝利，而最後得到的是整個戰局的失敗。這是缺少智慧的結果。

現在的世界，學問是進步了，專門的知識是豐富了，但是還有這種悲痛、殘酷、黑暗、毀滅的偉大悲劇表演出來，這正是因爲人類智慧貧乏的緣故！想挽救人類出空前浩劫的人，在這陰翳重重的世界裡面，只有運用慧劍，才能斬除卑狹私僞，驕妄怨毒、塞心蔽性的孽障，才能得到長久的和平。希伯來古話說得好：「快樂的是能尋著智慧的人，是能得著了解的人。」（Happy is the man that findeth wisdom, and the man that getteth understanding）

15 · 文化的修養

在現代機械文明工業社會裡面，誰都容易感覺到生活的緊張和單調；因此而更感覺到厭倦煩悶和不安。有的是情感的刺激，無的是情感的安慰。刺激多了，不是神經麻木，就是情感的崩潰，甚至於由厭倦而悲觀。在平時如此，在戰時爲尤甚。

知識的訓練要緊，生產的方式要緊，工作的效率要緊，但是情感的調劑至少也同樣的要緊。一張一弛的道理，不只是適用於調弓，而且適用於人生。人生的弛是必須的，但是這「弛」不是等於放縱，不是等於懶惰。要求「道德的假期」是無補而且有害於人類心靈的。讓我們把眼光轉移到文化的修養上去吧！

麻木崩潰和悲觀固然要不得，但是做人到粗俗獷悍鄙吝傖野的境地，也是十分的可厭。若是只講物質文明的享受而無精神文化的修養，結果一定到粗俗獷悍鄙吝僿野的境地。

有幾位西洋的文化哲學家，常是給文化（culture）與文明（civilization）兩個名詞，以不同的含義，至少他們把這兩個名詞的著重點看得不同。

德國人所謂文化（Kultur）的涵義，固帶日耳曼文化特殊的彩色，但是他們看得「文化」與「文明」的分際，似乎格外明顯。他們用這兩個名詞的時候，於不言而喻之中，總覺得文明是偏重物質的、外界的，而文化是精神的、內心的。

一個民族儘管沒有許多物質文明的發明和享用，但是他卻有優美文化的表現和享受。人們能在不知不覺裡，流露他持身處世的德性，超凡越俗的領會，美麗和諧的心靈，這一切都是民族文化和個人浸淫在自己民族文化裡的結果。縱然他沒有飛機旅行，沒有電梯代步，沒有抽水馬桶使用，但是我們能不尊重他嗎？能說他沒有文化嗎？

更具體一點說，找一個非洲的卜絜曼（Bushman）族的人來，把他放上飛機也一樣能旅行，拖上電梯他一樣能代步，拉到新式的廁所裡他一樣能使用抽水馬桶，若是教會他如何按那簡單機鈕的話。但是把他請到歐洲的大美術館裡看拉斐爾

（Raphael）的名畫，他就要覺得反不如他們賽神跳舞時的木鉦戰鼓；到圖書館裡看莎士比亞的名著，他更要覺得不如他們祭司的神符鬼籙。可見文明的結果是容易享受的，而文化的結晶是難於領略的。

若是「文化」這個名詞是西文culture這個字的話，我認爲不但非常滿意，而且格外優越。中國先哲對於人生的教育和社會的文化，認爲是文質並重的。「質勝文則野」是孔子的名言。必須要「文質彬彬」，然後能成爲「君子」。這個「文」字有很博大的意義，包括豐富的生活方式在內，絕不是「文縐縐」的「文章之士」所可竊爲己有的。「化」字的意義尤妙。聖哲須達到「大而化之」的境界，就是普遍的人也可以享受到「潛移默化」的影響。可見文化是瀰漫浸淫在整個民族之內的，更非一個特殊階級的人所可假借。

文化是民族心靈的結晶，文化也是民族精神方面的慈母。要提高民族道德，非提高民族文化不可。道德雖然可以說是文化的一部分，但是他卻是硬性的、直徑的部分，文化的全部是含煦覆育，如春陽一般，溫暖到每個人內心的。

我們要每個人都能注重到文化的修養，從而擴大到整個民族文化的修養。這是沒有問題的。現在的問題是如何能進行個人文化的修養？

當然學問是修養的要素。中國古話說：「學問深時意氣平」，正是學問能影響修養的一種表白。當然經驗是修養必經的過程，不經過種種的磨練和波折，哪能陶鎔出人生眞正的修養？然而我現在著重的不是這顯然的眞理，只是大家常常忽略的部分——情感，也可以說是由情感影響到心靈的部分。

要陶冶情感，莫善於美的教育，所以我從這方面提出三件特別有關美育的文化來講。

且讓我先談文學的修養。文學不僅是說理的，而且是抒情的；不僅是知識的凝合，而且是願望的表現；不僅是個性的暴露，而且是悲歡的同感；不僅是通情達理的語言，而且是珠圓玉潤的美術。文學不僅可作發揚情緒的烈燄，而且可作洗滌心靈的淨水。「詩可以興，可以群，可以怨。」只不過是昔聖對於一部分文學的讚美。文學是要提高人生「興趣」（taste）的；眞有修養的文學家，有些事絕不肯幹；他卻不是持道學家的態度而不去幹，乃是因其屬於低等興趣而不屑幹。所以眞正的文學修養可以提高行爲標準。

最好的文學家是他人想說而說不出的話，他能說得恰到好處；他人表現不出的情緒，他能表現得盡情愜意，使人家難得到其他的方式表現。沒有經過退守南京，輾轉入州的人，不能體會到杜少陵「夔府孤城落日斜，每依南（北）斗望京華。」兩句詩的妙處。許多受難同胞有過家破人亡痛苦的，讀到白香山「田園寥落干戈後，骨肉流離道路中。」的句子，也一定感覺到這種痛苦的經驗，不只是我們現代的人才有的。戰爭時代的煩悶，若是得到古人與我們心心相印，俱有同感，也就因此舒暢多了。

只是創造文學困難，欣賞文學也不容易。遇到好的文學作品，必須口誦心維，到口中念念有詞的境界，才能心領神會。孔子說：「依於仁，游於藝」這游字最妙。所以對於優美的文藝作品，應當把自己的心靈深入進去。和魚在水裡一樣，悠哉游哉，才能眞有領悟。

現在的青年日日處於甚囂塵上，若能得到一點文學的修養，一定可以消除煩悶的。學社會科學的人應當以文學培養心靈，學自然和應用科學的人尤其應當如此。天天弄計算、弄構造，而無優美文學作精神上的調劑，必致情感乾枯、腦筋遲鈍，性情暴躁而不自覺。文學的甘泉，是能爲你的心靈，培養新的萌芽的。

進而講到音樂的修養。音樂不僅是娛耳的。音樂是心裡發出來的一種特殊語言，有節奏、有旋律的語言，和諧而美麗的語言。是它聯貫許多感覺、概念、意境，而以有波動的音節發出來的。雍門琴引說：「須坐聽吾琴之所言」，正是這個微妙的道理。

中國從前禮樂並稱，因爲禮與樂是聯起來的。後來禮樂分家，所以禮淪爲乾燥的儀式。本來是活活潑潑有節奏的動作規律後來轉變爲死板板無生命的讚禮單子。原來文學與音樂也是合在一起的，所以上古的人可以撫琴而歌。到宋朝飲井水處都可以歌柳屯田詞；豪放的名士可用銅琵鐵板唱大江東去。姜白石的「自作新詞韻最嬌，小紅低唱我吹簫」是更柔性的了。乃自南宋以後，詩詞與音樂又分了家，這實在是文學上一大損失，也是民族的文化修養上一大損失。文學的流行不普遍，正在於此。

譬如哥德在德國文學上和一般國民文化上的影響大極了；但是請問現在的德國人之中，有幾個讀過哥德全集或是他重要的作品？然而哥德的詩，山邊海曲，田舍漁莊裡都有人唱，這正是因爲他譜成了音樂的緣故。

中國音樂只是旋律（melody）而無和聲（harmony），因此感覺單調。所以只有川戲中滿台打鑼鼓的人來「幫腔」，而不能有男女高低音配合得很和諧的「四部合奏」。前幾十年西洋音樂，是經過日本轉手——不高明的手——遞到中國來的，所譜的大都是簡單的靡靡之音。抗戰以來，國人的音樂興趣轉濃，從事音樂的人也轉多，是一件可欣慰的現象。但是一般還是粗糙簡單，不免截頭去尾的模仿。有意的高亢，時或聞之；而渾成曲折的樂章，很少聽見。其中還有以「小放牛」一類的小調之音，譜為抗戰歌曲，聽了令人神經痲痺。

現在中國的音樂教育，正可因爲大家音樂興趣轉濃而提高、而普及、而改變作風，但是這不是短期內勉強可以做到的事。我們只是存這種希望，要向這條路上走。我希望將來從音樂的節奏與和諧，達到民族精神和行動上的節奏與和諧。

再進而討論繪事藝術的修養。雕塑和音樂一樣，在中國並不發達，但是畫卻達到了非常之高的成就。這正是因爲中國畫與中國文學不曾分家。畫家的修養與文學家的修養大致相同。中國的畫家也大都是文學家。

中國向不重視匠畫。這分別在蘇東坡論吳道子、王維畫詩，說得最清楚：「吳生雖妙絕，猶以畫工論；摩詰得之於象外，有如仙翮謝樊籠。吾觀二子俱神俊，又於維也斂衽無間言。」摩詰固然是詩中有畫、畫中有詩的作家，吳道子也是一位畫中傑出的天才，東坡猶於其間有所軒輊，這種好尚的風氣，也就可想而見了。

畫，不只是表現自然，而且表現心靈；不僅是表現現實，而且表現意境。若是畫只是自然和現實的複寫，那有照相就夠了，何必要畫。但是，名畫可以百看不厭，而照相則一望就了，正是因爲畫上的自然和現實是透過心靈，而從意境裡流露出來的。

東坡謂：「論畫以形似，見與兒童鄰，」正是此意。「此謂形之不足，而務肖其神明也。」所以這兩句詩斷不是現在獷悍時髦畫家，那些畫美人說不像於是改成鍾馗，說鍾馗也不像又可改成怪石的畫家，所能假借的。

畫家不但要有精妙的技巧，而且要有高尚的修養。姜白石說：「人品不高，落墨無法。」同時讀書的人，也要有這種修養，才眞能心領神會，與畫家的心靈融成一片。

所以歐陽修說：「蕭條澹泊之難畫之意，畫者得之，覽者未必識也。故飛走遲速意淺之物易見，而閒和嚴靜之趣，簡遠之心難形。」中國名畫之難於爲一般人所了解，亦由於此。苟能深入，則在塵囂溷熱之中，未始不是一服清涼散。

惲南田論山水畫說，「出入風雨，舒卷蒼翠，模崖範壑，曲折中機。惟有成風之技，乃致冥通之奇。可以說澤神風，陶鑄性器。」眞是很精闢獨到的話。

當然文化的修養，不只這三方面，凡是可以使人「動心忍性，增益其所不能」的，都有關修養。如祭遵雅歌投壺，謝安石在臨陣時還下圍棋，都是他們增進修養的方式。只是這三方面的修養，最容易陶冶性靈、調劑情感。

中國文化最注重修養。讀書人固要有「書卷氣」；就是將官也以「儒將」最能使人敬服，否則只是勇將、戰將，不過偏裨之才。在這擾攘偏狹，傾軋排擠的人群中，能有大雅君子，抱著恢擴的襟懷，汪汪若千頃之波，澄之不清，撓之不濁，豈不可以讚佩？在這爭名奪利，庸俗鄙俚的場合裡，能有人如仲長子昌所說：「清如水碧，潔如霜雪，輕世賤俗，獨立高步。」之人，豈不可以廉頑立懦？

現在中國文化方面，有一個絕大的危機，就是高尚的中國文化漸漸的少人了

解，而優美的西洋文化同時又不能吸收。縱然學會了西洋一點應用的技術，或是享受物質文明的習慣，但是，對於西洋文化在人性上表現的精微美麗之處，絲毫沒有得到。中國文學的修養尚且沒有，何況西洋文學的修養。同他奏舒伯特（Schubert）、蕭邦（Chopin）或華格納（Wagner）的樂譜，自然無動於衷，若一聞黑人的「爵士」音樂（Jazz music），便兩腳發癢。到外國美術館去，古畫中恐怕只有魯本斯（Rubens）所畫的肥胖裸體女人或者能邀賞鑒，至於鄧納爾（Turner）的落照，戈羅（Corot）的深林，便覺無味了；何況倪雲林的枯木竹石，沈石田的漠漠雲山呢？

縱然也有一部分在都市裡的大富賈和留學生冒充風雅，家裡掛一兩張吳昌碩或王一亭的畫，以爲是必要的陳設，以誇耀於同類的外國人，殊不知外國之中，也有懂得比他更多的。於是趨時圖利的畫家，竟以獷悍爲有力，以亂抹爲傳神，於是已達高峰的中國繪畫美術，也就有江河日下之勢了。這實在是很傷心的事！

我們不能不接受機械文明，我們更不能抹煞工業社會，只是我們的靈魂也要文化的慈母去撫摸他、安慰他。我們可以使物質供我們享用，我們的性靈卻不可以像機械一般的輪轉。至於粗俗，獷悍，鄙吝，傖野的惡影響，我們更應當滌蕩無遺。我們要倡導強者哲學和主人道德的話，更應當輔之以文化的修養。我們不要忘記，在夾谷會場裡劍佩鏘鏘的聖人，同時也是「溫良恭儉讓」的君子！

16．信仰、理想、熱忱

我們生在怎樣一個奇怪的世界！一面有偉大的進步，一面是無情的摧毀；一面是精微的知識，一面做殘暴的行動；一面聽道德的名詞，一面看欺詐的事實；一面是光明的大道，一面是黑暗的深淵。宗教的勢力衰落，道德的藩籬頹毀，權威的影響降低。舊的信仰也已經式微，新的信仰尚未樹立。在這青黃不接的時代，自有光怪陸離的現象。於是一般人趨於徬徨，由徬徨而懷疑，由懷疑而否定，由否定而充分感覺到生命的空虛。

這個人生的嚴重問題，不但中國有，而且西洋也有。一位現代西班牙的思想家阿特嘉（Ortega見其所著The Revolt of Masses一書）以爲這種堤防潰決之後，西洋人也處於一種道德的假期。他說：「但是這種假期是不能長久的。沒有信條範圍我

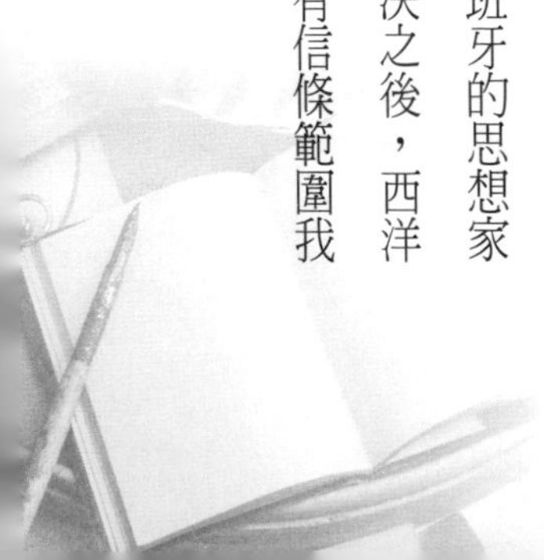

們在某種形態之下生活，我們的生存（existence）像是『失業似的』。這可怕的精神境地，世界上最優秀的青年也處在裡面。由於感覺自由脫離拘束，生命反覺得本身的空虛。一種『失業似的』生存，對於生命的否定，比死亡還要不好。因爲要生就是要有一件事做——要有一個使命去完成（a mission to fulfill）。要避免將生命安置在這事業裡面，就是把生命弄得空無所有。」

我引阿特嘉這段話，因爲他是帶自由主義的思想家，並不擁護權威，也不袒護宗教，所有是比較客觀的意見。這種的惶惑狀態，在這第二次世界大戰以前已有，恐怕在戰後的西方還要厲害。

人生喪失了信心，是最痛苦而危險的事。宗教本來就是要爲人生解決安身立命的問題，要爲人生求得歸宿，宗教起於恐懼與希望（fear and hope）。恐懼是怕受末日的裁判，希望是欲求願望的滿足。宗教，「廣義來說，是人對於超現實世界的信仰。」「一個民族的宗教，在超現實的世界裡反映這民族本身的意志，在這超現實的世界裡，實現他內心最深處的願望。」這是德國哲學家包爾森（Friedrich Paulsen）的名言。

「宗教與道德有同一的起源——就是同出於意志對於盡善盡美（perfection）的渴望。但是在道德裡是要求，在宗教裡就變爲實體。」——這也是同一哲學家的論斷。

但是他還有一段論信仰最精闢的話：「有信仰和行動的人，總是相信將來是在他這邊的。沒有信仰，這世界就沒有一件眞正偉大事業完成。一切的宗教都是以信仰爲基礎。從信仰裡，這些宗教的祖師和門徒克服了世界。因爲信仰主張，所以殉道者爲這主張而生活、而奮鬥、而受苦受難。他們死是因爲他們相信最高的善能有最後的勝利，所以肯爲它而犧牲。若是不相信他的主張能有最後和永久的成功的話，誰肯爲這主張而死？若是把這些事實去掉的話，世界的歷史還賸些什麼？」

這話深刻極了！這不但是爲宗教的成就說法；推而廣之，是爲世界一切偉大的成就說法。

是的，一切的宗教都是以信仰爲基礎，但是一切人類的偉跡，政治的、社會的、文化的，何曾不是以信仰爲基礎？若是一個人自己對自己所學的所做的都沒有信心，那還說什麼？對於自己所從事的還不相信，那不但這事業不會有成就，而且

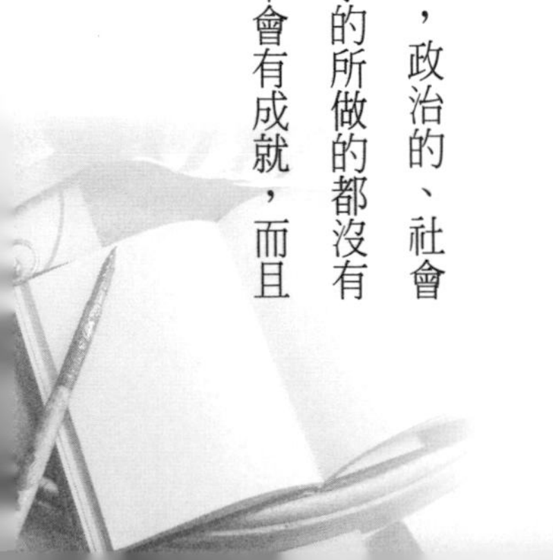

自己的生命也就沒有意義。

就是讀書的疑古，也不過是教你多設幾個假定，多開幾條思路而已，不是教你懷疑這工作的本身。「我思故我在」這是笛卡兒對於做過種種懷疑工作後的結論。若是持絕對的懷疑論，那必至否定一切、毀滅一切而後已。

宗教不過是信仰的一種表現，雖然他常是強烈的表現。但是普通所謂宗教乃是指有教條、有儀式、有組織的形式宗教（formal religion）而言。相信這種宗教的人自有他的精神上的安慰；他人不必反對他，他也不能強人盡同。至於信仰（faith）是人人內心都有的，也可以說是一種宗教心，卻不一定表現在宗教，而能寄託在任何事業方面。

信宗教的人固有以身殉道者，但是不信宗教的人也不少成仁取義者。如蘇格拉底的臨死不阿，是他信仰哲學的主張；文天祥的從容就義，是他信仰孔孟的倫理。這可見信仰力量的瀰漫，絕不限於宗教。

最純潔的信仰，是對於高尚理想的信仰；他是超越個人禍福觀念的。生前的利害不足縈其心，生後的賞罰也不在其念。至於藉懺悔以圖開脫，憑奉獻以圖酬報的低等意識，更不在他話下了。

最純潔的信仰，是經知識鍛鍊過的，是經智慧的淨水洗清過的，從哲學方面來講，也是對於最高尚的理想之忠（loyalty to the ideal）。人類進步了，若是他對他的理想，沒有知識的深信（intellectual conviction），他絕不能拼命的效忠。近代哲學家羅哀斯（J. Royce）說：「你要效忠，就得決定哪一個值得你效忠的主張去效忠。」（見其所著的The Philosophy of Loyalty）。

這裡知識的判斷就來了。若是你所相信的東西裡面，知識的發現告訴你是有不可靠不可信的成分在裡面，那你的信仰就搖動了。若是知識的判斷對你所相信的更加一種肯定（reaffirmation），那你的信仰更能加強。

所以知識是不會摧毀信仰而且可以加強信仰的。比如「原始罪惡」、「末日裁判」和一切「靈蹟」滌除以後，不但可以使基督教徒解除許多恐懼，使他不存不可能的希望，而且可以使他的哲學格外深刻化，籠罩住一部分西洋哲學家和科學家的信心。這就是一個例子。知識能爲信仰滌瑕蕩垢，那信仰便能皎潔光瑩。

人固渴望盡善盡美的境界，然而渴望的人對於這境界的認識，有多少階段，若干濃度的不同。希臘人思想中以爲奧林匹亞山上的神的境界是盡善盡美的；希伯來人思想中以爲天堂是盡善盡美的。最早的觀念最幼稚、最模糊；知識愈進步，則這種認識愈高妙、愈深湛。所以我說理想是人生路程上的明燈，愈進一步，愈能把前途的一段照得明亮。世界上只有進展的理想，沒有停滯的理想。唯有這種進展的理想，最能引起我們向上的興趣。

信仰是要求力量來表現的，理想不是供人清玩和賞鑒的。要實現信仰達到理想，不能不靠熱忱（zeal）。熱忱是人生有定向而專一（devotion）的內燃力。要它有效，就應當使它根據確切的認識而發，使它不是盲目的；若是沒有智慧去引導它、調節它，它也容易崩潰、容易過度。如所謂宗教的瘋狂者（religious fanatic），正是過度熱忱到了崩潰的表現。這是熱忱的病態，不是熱忱的正常。

對於一件事、一個使命，有這種知識的深信，認爲值得幹的，就專心致志，拼命的去幹，危難不變節，死生不易其操，必須幹好而後已，這才是表現我所謂眞正的熱忱。

熱忱常爲宗教所啓發，這固然因爲熱忱與信仰有關，也因爲宗教裡面，本來帶有感情的成分。感情是熱忱的源泉；感情淡薄的人絕不會有熱忱。但是感情易於泛濫，易於四面散失。必須鍛鍊過，使其專一而有定向，方能化爲熱忱。

我常覺得我們中國人的熱忱太少。現在許多事弄不好，正是因爲許多做事的人，對於他所做的事的熱忱太缺乏。他只覺得他所做的事只是一種應付，而不是一件使命。

這是什麼緣故呢？有人說是因爲我們宗教心太缺乏。是的。我們宗教心——信仰——很缺乏，集體的宗教生活不夠。我們對於宗教信仰的容忍態度，雖然說是我們的美德，但是也正是因爲我們缺乏宗教熱忱的緣故。有人說是我們感情的生活不豐富。也是的。我不能說我們中國人的感情淡薄，但是我們一向不注重感情的陶鎔和給予感情正常的刺激——如西洋宗教的音樂之類——並且專門想要壓迫感情、摧殘感情。

宋儒明天理人欲之辨，似乎認爲感情是人欲方面的，要不得的。於是提倡「懲忿窒欲」之論，弄得人毫無生氣。王船山在周易外傳論「損」的一段裡，反對這種意見最爲透闢，他說，「性主陽以用壯，大勇浩然，亢王侯而非忿。情賓陰而善感，好樂無荒，思輾轉而非欲，而盡用其懲，益摧其壯，竟加以窒，終絕其感。一自以爲馬，一自以爲牛，廢才而處於錞。一以爲寒巖，一以爲枯木，滅情而息其生。彼佛老者皆託損以鳴修，而豈知所謂損者。」

王船山所謂「大勇浩然，亢王侯而非忿，」正是正義感的發洩。他所謂「好樂無荒，思輾轉而非欲，」正是優美情緒的流露。而他所謂「佛老」，乃是指參雜佛老思想的宋儒。弄到大家都成爲寒巖枯木，還有什麼感情可言。況且感情不善培養與引導，終至於崩潰。

中國人遇著小事，容易「起鬨」（excitement），就是感情沒有正當發洩的結果。很愛中國的哲學家羅素，爲我們說了許多好話；但是論中國人性格的時候，他說我們是一個容易起鬨的（excitable）民族，並且說這是一件危險的現象，容易鬧大亂子。這是值得我們反省的諍言。

中國人熱忱不發達的原因，還有一個，就是普通所謂「看得太透了」。諷刺的說，也可以說是「太聰明了」。把什麼事都看得太透了，還有什麼意思？就是做人也可以說是沒有什麼意思，那還有什麼勇氣去做事？這是享樂派的態度

（hedonistic attitude）；這實在是很有害處而須糾正的。

羅哀斯說：「任何一個忠的人，無論他爲的是什麼主張，總是專一的，積極動作的，放棄私人的意志，約束自己，愛他的主張，信他的主張。」我們國家民族，正需要這樣忠的人。

在這紊亂的世界，我們不能老是徬徨，長此猶豫，總持著懷疑的心理，享樂的態度；這必定會使生命空虛，由否定生命而至於毀滅生命。我們雖然遇著過人之中有壞的，但是不能對於人類無信心；雖然目擊強暴，不能對於公理無信心；雖然知道有惡，不能對於善無信心；雖然看見有醜，不能對於美無信心；雖然認識有假，不能對於眞無信心。

我們要相信人類是要向上的，是可以進步的，我們的理想是可以達到的，我們的努力是不會白費的，因爲宇宙的人生的本體，是眞實的。純潔的信仰，高尚的理想，充分的熱忱，是我們改造世界，建設篤實光輝的生命的無窮力量。

〈全書終〉

羅家倫生平

羅家倫（一八九七年12月21日生～一九六九年12月25日），字志希，祖籍浙江紹興，生於江西進賢，教育家，歷史學家，「五四運動」的命名者。

一八九七年12月21日生。少承庭訓，習讀文史，後曾就讀於南昌英文夜校、上海復旦公學。

一九一七年以作文滿分考入國立北京大學文科，期間與傅斯年等創刊《新潮》月刊，協助胡適、錢玄同等文學改革運動。

一九一九年五四運動中，撰寫《北京學界全體宣言》，爲學生領袖之一。

一九二〇年留學美，先後於普林斯頓大學、哥倫比亞大學研究院深造，接著遊歷歐洲倫敦大學、柏林大學、巴黎大學，在四大國五名校研讀七年，研究歷史哲學與國際關係。

一九二六年回國後，任教於國立東南大學歷史系及附中。稍後以一介書生投筆從戎參加北伐軍，任北伐軍總司令部參議、編輯委員會委員長、戰地政務委員兼教務處長，曾任中國國民黨中央黨務學校教務主任、代教育長。

一九二八年8月，清華學校更名國立清華大學，出任首任校長，期間整頓教育，裁併冗員，精簡機構，羅致優師，擴建設施，卓有成效。

一九三二年8月任國立中央大學校長，廣攬名師，興辦學科，興建校舍，延南高東大時期之校風提出「誠、樸、雄、偉」的學風，把「創造有機體的民族文化」設爲中大的使命；此後雖歷經抗戰西遷重慶，中央大學仍蓬勃發展，成長爲名副其實的最高學府，經費曾一度相當於其他四所中國名校的總和，全國名校聯考三分之二的學生以該校爲第一志願。

一九四一年調離中大，曾出任滇黔黨政考察團團長、西北建設考察團團長、監察院首任新疆省監察使。抗戰勝利後，先後擔任聯合國教科文組織籌備會議代表、首任駐印度大使兼世界各國駐印使節團團長。

一九五〇年2月1日由印度到臺。先後出任中華民國總統府國策顧問、國民黨中央評議委員、國民黨黨史會主任委員、中國筆會會長、考試院副院長、國史館館長等職。

一九六九年12月25日在台北逝世。

國家圖書館出版品預行編目資料

新人生觀，羅家倫著 -- 初版, --新北市：
新視野New Vision, 2022.04
冊；　公分 . --
ISBN 978-626-95484-3-9（平裝）

1. CST：人生觀

191.92　　111000901

新人生觀

羅家倫　著

主　　編　林郁
出　　版　新視野 New Vision
製　　作　新潮社文化事業有限公司
電話：(02) 8666-5711
傳真：(02) 8666-5833
E-mail：service@xcsbook.com.tw
印前作業　東豪印刷事業有限公司
印刷作業　福霖印刷有限公司

總 經 銷　聯合發行股份有限公司
新北市新店區寶橋路 235 巷 6 弄 6 號 2F
電話：(02) 2917-8022
傳真：(02) 2915-6275

初　　版　2022 年 04 月